Vertretungsstunden to go

Deutsch

Klasse 5/6

Sinnvolle Inhalte für spontanen Unterricht

Ulrike Rohr

Verlag an der Ruhr

Impressum

Titel
Vertretungsstunden to go
Deutsch – Klasse 5/6

Autorin
Ulrike Rohr

Titelbild
unter Verwendung des Tafel-Fotos von © pressmaster/Fotolia.com

Verlag an der Ruhr
Mülheim an der Ruhr
www.verlagruhr.de

Geeignet für die Klassen 5–6

Unser Beitrag zum Umweltschutz
Wir sind seit 2008 ein ÖKOPROFIT®-Betrieb und setzen uns damit aktiv für den Umweltschutz ein. Das ÖKOPROFIT®-Projekt unterstützt Betriebe dabei, die Umwelt durch nachhaltiges Wirtschaften zu entlasten. Unsere Produkte sind grundsätzlich auf chlorfrei gebleichtes und nach Umweltschutzstandards zertiifiziertes Papier gedruckt.

ISBN 978-3-8346-0970-0

Printed in Germany

Inhaltsverzeichnis

Inhaltsverzeichnis

Bildnachweise

S. 7 © seen, fotolia.de / S. 20 © michaeljung, fotolia.de / S. 38 © M. Schroeder, fotolia.de /
S. 41 © Peter Kirschner, © Daniel Strauch, © Svenja98, alle fotolia.de, © Abalg, wikimedia.de /
S. 52 © John Robert Charlton derivative work: Chasewc91 (talk), wikimedia.de /
S. 56 © Wilhelmine Wulf, © Viola, © Dagmar Zechel, © bbroianigo, © Andreas Stix, alle pixelio.de /
S. 57 © Klaus-Uwe Gerhardt, © Gerhard Eichstetter, © Olga Meier-Sander, © Viola, alle pixelio.de /
S. 75 © Thommy Weiss, pixelio.de / S. 79 © digitalpress, fotolia.de / S. 84, © S. Hofschlaeger, pixelio.de

Vorwort

Liebe Kollegen,*

als unterrichtende Lehrkraft kenne ich die folgenden Situationen: Die Konferenz dauert bis zum Abend, und es ist keine Zeit mehr, den Unterricht für den nächsten Tag vorzubereiten. Oder Sie erfahren im schlimmsten Fall in der großen Pause, dass Sie in der nächsten Stunde in der 5. oder 6. Klasse Vertretungsunterricht durchführen müssen. Manchmal kann es auch sein, dass zu einer Einheit noch ein Arbeitsbogen zu einer von Ihnen geplanten Unterrichtseinheit fehlt. Für diese Situationen bietet Ihnen das vorliegende Material Kopiervorlagen zum sofortigen und unkomplizierten Einsatz in einer Schulstunde.

Vermittlung von Kompetenzen

Die Aufgaben orientieren sich an den KMK-Bildungsstandards für das Fach Deutsch. Im Anhang finden Sie zu jedem Arbeitsbogen die angestrebten Kompetenzen aufgelistet.
Die Materialien sind in die einzelnen Schwerpunkte des Faches Deutsch aufgeteilt und mit folgenden Symbolen gekennzeichnet:

Grammatik und Rechtschreibung

Lesen

Texte schreiben

Darstellendes Spiel

Zusatzmaterialien

Die Arbeitsbögen berücksichtigen den Ansatz des integrativen Unterrichts, deshalb dient die Einteilung in die zuvor genannten Felder nur zur Verdeutlichung der jeweiligen Schwerpunkte.
Es ist selbstverständlich, dass sich auf den Materialien auch die anderen Bereiche wiederfinden.
Zusätzlich habe ich die Ausnahmesituation „Vertretungsstunde" berücksichtigt und bei der Konzipierung der Materialien den Spaßfaktor mit berücksichtigt, der besonders in diesen außerplanmäßigen Stunden zum Lernen motiviert.

Differenzierung

Die Materialien erklären sich von selbst und können ohne Hilfe der Lehrkraft mit der ganzen Klasse, in einer Gruppe, mit einem Partner oder alleine bearbeitet werden. Die Auswahl des jeweiligen Arbeitsbogens muss sich dabei an den Lernvoraussetzungen der Arbeitsgruppe orientieren.
Sie können zudem die Schüler häufig aus unterschiedlichen Aufgaben oder Anregungen auf dem Arbeitsblatt auswählen lassen, anstatt sie nacheinander alle Aufgaben bearbeiten zu lassen. Dies ermöglicht eine Differenzierung in heterogenen Gruppen. Außerdem erhalten viele Arbeitsbögen eine direkte Differenzierung, wie Zusatzwortkarten oder Hilfestellungen in Form von Tipps bzw. Ideen- und Methodenkisten. Neben der Berücksichtigung des Genderaspekts und der altersgemäßen Interessensbereiche erfolgt eine Differenzierung auch auf Grund der Einbettung von Lesestrategien und der Anwendung kooperativer Lernmethoden.
Die Schüler können ferner in der Auswertungs- und Reflexionsphase Hilfsbausteine in Form von Satzanfängen als zusätzliche Differenzierung nutzen. Die vorgegebenen Satzanfänge erleichtern den Einstieg in ein Gespräch, wie z.B. das rücksichtsvolle Bewerten von Produktionen der Mitschüler, das Formulieren des eigenen Lernzuwachses und der eigenen Gedanken.

Mein letzter Tipp an Sie: Es empfiehlt sich, Wort- oder Arbeitskarten, die kopiert und zerschnitten werden müssen, gleich auf Karton zu kopieren und eventuell zu laminieren.
So können Sie die Materialien ohne erneute Vorbereitungszeit häufiger verwenden.

Ich wünsche Ihnen mit Hilfe der Materialien abwechslungsreiche, anregende und erfolgreiche Vertretungsstunden!

Ulrike Rohr

* Aus Gründen der besseren Lesbarkeit haben wir in diesem Buch durchgehend die männliche Form verwendet. Natürlich sind damit auch immer Frauen und Mädchen gemeint, also Lehrerinnen, Schülerinnen etc.

Grammatik und Rechtschreibung

Geheimschriften – Arbeitstheke 1/2

Manchmal sollen nur eingeweihte Personen verstehen, was du in einer Botschaft schreibst. Für geheime Botschaften wird dir hier eine Geheimschrift verraten.

HIMMEL
BALD EGAL.
EDDY WILL
SCHON
HÜTE!

1. Lies den Brief.
   Auf den ersten Blick gibt er gar keinen Sinn!
   Hast du selbst eine Idee, welche Geheimschrift verwendet wurde?

2. Wenn nicht, ist hier die Lösung: In dieser Geheimschrift gilt nur jeder vierte Buchstabe. Streiche also immer drei Buchstaben durch, und umkreise jeweils den vierten. Wenn du jetzt die eingekreisten Buchstaben hintereinander liest, erfährst du die wahre Botschaft.

Lösung: ______________________________

3. Schreibe nun selbst eine Botschaft in dieser Geheimschrift.

--> Tipp: Achte auf die Rechtschreibung, sonst ist es schwierig, deinen geheimen Text zu entschlüsseln. Schreibe knapp und präzise.

Du kannst Botschaften in einer Geheimschrift verschlüsseln, damit nur bestimmte Menschen diese Texte lesen können. Dazu gibt es verschiedene „Codes".

4 1 5
8 1 19 20
4 21
7 21 20
7 5 13 1 3 8
20!

1. Lies die Botschaft in dem Kasten.

2. Versuche, den Code zu knacken.
   Schreibe auf, welche Regeln du für diese Geheimschrift herausgefunden hast.

Es besteht ein Zusammenhang zwischen den Zahlen und den Buchstaben des Alphabets.

3. Schreibe einen Text, und setze ihn in die herausgefundene Geheimschrift um.
   Nun kannst du diesen Text einem Partner zum Lesen geben.
   Vielleicht erhältst du sogar eine Antwort!

--> Tipp: Achte auf die Rechtschreibung, sonst ist es schwierig, deinen geheimen Text zu entschlüsseln.

Geheimschriften können auch aus Zeichen bestehen.

A		B		C		D		E	
F		G		H		I		J	
K		L		M		N		O	
P		Q		R		S		T	
U		V		W		X		Y	
Z									

1. Denke dir zu jedem Buchstaben ein Zeichen aus. Male es in die Tabelle.
2. Schreibe eine Nachricht mit deinen Zeichen.
3. Gib deinen geheimen Text einem Partner. Natürlich darf nur er zum Entschlüsseln dein Zeichenalphabet benutzen.

--> **Tipp:** Achte auf die Rechtschreibung, sonst ist es schwierig, deinen geheimen Text zu entschlüsseln.

Diese Geheimschrift knackt so schnell kein Fremder!

1. Schreibe die Buchstaben des Alphabets nebeneinander in einer Reihe auf.

--> **Tipp:** Kariertes Papier hilft dir, gleiche Abstände zwischen den Buchstaben zu halten.

A	B	C	D	E	F	G	H	…
Z	Y	X	W	V	U	T	S	…

2. Genau darunter schreibst du nun das Alphabet rückwärts auf, d.h., du beginnst in der zweiten Reihe mit dem Z.
3. Beim Schreiben eines eigenen Textes verwendest du nun statt des richtigen Buchstabens denjenigen, der sich in der Reihe darunter befindet.
   Beispiel: *Vrm tvhkilxsvmvh Dlig rhg drv vrm Eltvo, wvm nzm mrxsg drvwvi vrmuzmtvm pzmm. (zuirpzmrhxsvh Hkirxsdlig)*

Lösung: ______________________________

____

--> **Tipp:** Achte auf die Rechtschreibung, sonst ist es schwierig, deinen geheimen Text zu entschlüsseln.

Ein Gedicht über das Küssen 1/2

1. Auf der folgenden Seite findest du das Gedicht „Was zum Kuss gehört" von Nora Clormann-Lietz. Was gehört für dich zu einem Kuss? Schreibe deine Gedanken und Gefühle in das Herz.

2. Lies das Gedicht.

3. Schreibe dann nach der Vorlage selbst ein Gedicht, in dem deine Gedanken und Gefühle dargestellt werden. Um dies durchführen zu können, ist es wichtig, den Aufbau des Gedichtes zu erkennen. Notiere deshalb links neben das Gedicht die Wortarten, die du in jeder Zeile entdeckst.

--> Tipp: Ergänze bei zusammengesetzten Nomen, aus welchen und wie vielen Teilen sie zusammengesetzt sind (z.B. Wimpernklimpern: Nomen + Verb).

4. Schreibe nun dein Gedicht zum Kuss rechts neben die Vorlage. Achte auf die Groß- und Kleinschreibung am Zeilenanfang und in der Zeilenmitte.

--> Tipp: Deine gesammelten Wörter und die Vorgabe, welche Wortarten du benutzen könntest, helfen dir.

5. Vergleiche dein Gedicht mit denen deiner Mitschüler.

Am treffendsten ist dein zusammengesetztes Nomen ..., denn ...
Neu an deinem Gedicht ist für mich, dass ...
Ich habe nicht verstanden, was das Wort ... mit einem Kuss zu tun hat.

Ein Gedicht über das Küssen 2/2

Nora Clormann-Lietz

Was zum Kuss gehört

Wortarten		**Mein Gedicht**
	Wimpernklimpern	
	Augenglänzen	
	Lächeln	
	Händchenhalten	
	Streicheln	
	Herzbumpern	
	rote Ohren	
	Wonnerieselrückenschauer	
	Kribbeln	
	bisschen schwitzen	
	unruhig sitzen	
	glücklich sein	

Das Wort der vielen Möglichkeiten

Jeder von euch kennt sie und hat sie schon einmal benutzt: Auf den ersten Blick ist ganz klar, was sich hinter dem Wort „Tafelkreide" verbirgt. In einem Wort können sich aber auch noch viele andere Wörter mit völlig anderen Bedeutungen verstecken.

Ahnt ihr, wie viele Wörter in dem Wort „Tafelkreide" stecken? Probiert es aus.

1. Ihr könnt aus den Buchstaben des Wortes **Tafelkreide** z.B. folgende Wörter bilden:

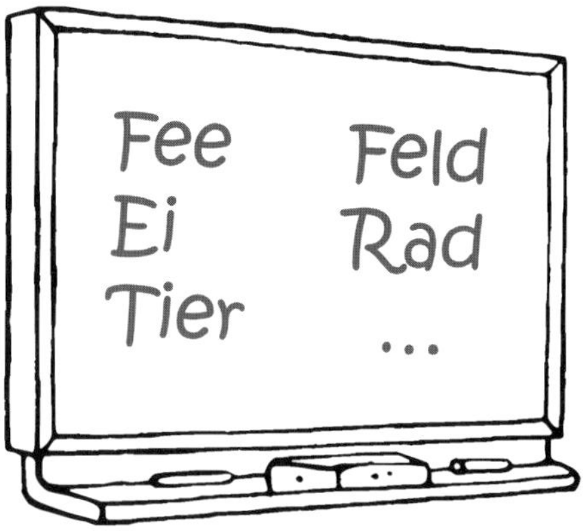

--> Tipps:
- Ihr dürft jeden Buchstaben nur einmal benutzen.
- Die Buchstaben ö, ä und ü werden zu oe, ae und ue.

2. Denkt euch ein weiteres Nomen mit einer großen Buchstabenanzahl aus.
3. Jeder schreibt dieses Nomen in Großbuchstaben auf einen Zettel, und notiert in einer vorher festgelegten Zeit möglichst viele neue Wörter unter das lange Nomen.
4. Nach Ablauf der Zeit legen alle ihre Stifte hin. Stellt fest, wer die meisten Wörter gefunden hat. Anschließend liest der Schüler diese der Klasse vor.
5. Die Mitschüler kontrollieren, ob diese Wörter tatsächlich mit den vorhandenen Buchstaben gebildet werden können.
6. Sind alle Wörter in Ordnung, darf sich der Gewinner das nächste Wort ausdenken.

--> Tipp: In der Ideenkiste findet ihr Varianten des Spiels.

Ideen:
- es dürfen nur Nomen aufgeschrieben werden
- alle Wortarten sind erlaubt
- Personen-, Städte- und Ländernamen sind erlaubt
- nur Naturwörter zählen
- ...

Ein Parallelgedicht schreiben – Wortarten-Sammeln hilft

Sicherlich hast du auch schon einmal ein Geschenk versteckt.
War es schwierig, einen Ort zu finden, der nicht sofort entdeckt wird?

1. Schreibe diese Verstecke in Partnerarbeit auf einen Zettel.
2. Lies das folgende Gedicht.

Regina Schwarz

Wo man Geschenke verstecken kann

Im Keller hinter Kartoffelkisten,
im Schreibtisch zwischen Computerlisten,
in alten verstaubten Bauerntruhen,
in ausgelatschten Wanderschuhen,

____
____
____
____
____
____

Ob sperrig, ob handlich, ob groß oder klein:
Geschenkeverstecken muss einfach sein.
Das einzig Schwierige daran ist,
dass man das Versteck so leicht vergisst.

3. Einige Zeilen des Gedichtes fehlen, diese kannst du mit deinem Partner ergänzen. Sammelt dazu auf einem Extrablatt ungewöhnliche Nomen von Verstecken und dazu passende Reimwörter (**Beispiel:** zerbeulte Kaffeedose – neue Unterhose).

--> Tipps:
- Eure erste Versteckssammlung hilft euch.
- Passende Adjektive beschreiben diese Orte noch genauer.

Findet nun weitere Präpositionen, also die Wörter, die angeben, wo sich eine Sache befindet (**Beispiele:** in, unter …). Schreibt mit Hilfe eurer Reimwörter und der Präpositionen weitere Zeilen für das Gedicht.

4. Stellt das fertige Gedicht der Klasse vor. Wer von euch hat die ungewöhnlichsten und lustigsten Verstecke gefunden?

Die Satzbaumaschine

Die Klasse 5c hat eine Maschine erfunden, die aus zusammengesetzten Nomen Sätze baut. Schaue dir das Ergebnis einmal an:

Speisekarten

Ich speise Karten.
Du speist Karten.
Er speist Karten.
Wir speisen Karten.
Ihr speist Karten.
Sie speisen Karten.

1. Notiere, aus welchen Wortarten das Nomen zusammengesetzt sein muss, damit du ähnliche Sätze bilden kannst:
   ______________________ + ______________________
2. Suche nun ähnlich zusammengesetzte Nomen. Bilde damit Beispiele nach dem obigen Muster.
3. Schreibe deine Sätze auf.

--> **Tipps:**
- In der Ideenkiste findest du Beispielwörter.
- Manchmal entstehen damit auch lustige Quatschsätze.

Ideen:

- Reitkappen
- Kochmützen
- Drehorgel
- Gießkannen
- Putztücher
- Reisezüge

4. Nun könnt ihr mal ausprobieren, wer besser ist: die Maschine oder deine Klasse. Stelle deinen Mitschülern ein Wort von deinen Beispielen vor. Wähle dazu ein Personalpronomen, mit dem deine Mitschüler einen passenden Satz zu deinem Wort bilden.
5. Wähle einen Mitschüler aus, und vergleiche seine Antwort mit deinem aufgeschriebenen Satz. Ist sie richtig?

Ich habe heute von dir das Wort ... kennengelernt.
Ich kann die Sätze auch ins Präteritum setzen.

Ein Alphabet der Prachtstücke

Familie, Freunde, Mitschüler, Nachbarn – es gibt sicher Menschen, die du gerne magst und von denen du sagst: „ Das sind wahre Prachstücke". Hier kannst du mit Hilfe eines Alphabets freundliche Beschreibungen für diese Menschen sammeln.

1. Ergänze das Alphabet.

--> Tipp: Damit die Beschreibungen noch treffender sind, suche zu deinen Nomen auch immer ein Adjektiv mit dem gleichen Anfangsbuchstaben.

A amüsante Alleswisserin
B ______________________
C cleverer Clown
D ______________________
E ______________________
F ______________________
G ______________________
H ______________________
I ______________________
J ______________________
K ______________________
L ______________________
M ______________________
N ______________________
O ______________________
P ______________________
Q ______________________
R ______________________
S ______________________
T ______________________
U ______________________
V ______________________
W ______________________
X ______________________
Y ______________________
Z ______________________

2. Kontrolliere die Rechtschreibung deiner Wortpaare mit einem Partner.

3. Schreibe dann ein Wortpaar aus deinem Prachtstücke-Alphabet auf eine Karte.

4. Gestalte die Schrift, und male ein passendes Bild.
Fertig ist eine kleine Überraschung für eine Person, die du magst!

Warme Dusche 1/4

Stelle dir vor, du kannst etwas besonders gut oder hast eine tolle Charaktereigenschaft und bekommst dafür heute eine Anerkennung: Das ist so angenehm wie eine warme Dusche an einem kalten Wintertag.

Diese warme Dusche soll es heute für jeden von euch geben!

1. Legt die Karten mit den positiven Adjektiven und Sätzen auf dem Klassenraumboden aus.
2. Jeder nimmt sich eine Karte, liest sie durch und legt sie auf den Platz der Person, zu der die Karte am besten passt.

Ideen:

Ihr könnt auch gemeinsam in der Klasse eigene Karten entwickeln.

Hinweis!
Es geht nicht darum, möglichst viele Karten zu bekommen: Auch wenn zahlreiche Karten auf dem Boden liegen, sind nicht immer für alle Schüler die passenden dabei. Deshalb kann es sein, dass ein Mitschüler mehr Karten bekommt als der andere.

3. Wiederholt diesen Vorgang beliebig oft.
4. Anschließend liest jeder für sich seine Karten durch und genießt die Wörter und Sätze wie eine warme Dusche!

Das Wort verstehe ich nicht: ...
Das Wort wundert mich: ...
Über das folgende Wort freue ich mich am meisten: ...

Warme Dusche 2/4

Kopieren Sie die Karten auf Karton, laminieren Sie sie, und schneiden Sie sie aus.

gradlinig	zart	ehrlich
natürlich	mutig	treu
unnachahmlich	liebenswert	einfallsreich
sportlich	gemütlich	sanft
lieblich	kameradschaftlich	modisch
aktiv	genau	aufrecht
geduldig	belesen	ausgleichend
einmalig	offenherzig	vertrauensvoll
herzlich	engagiert	humorvoll
glücklich	überzeugend	tolerant
amüsant	einfallsreich	kontaktfreudig
verständnisvoll	lässig	temperamentvoll

Warme Dusche 3/4

Kopieren Sie die Karten auf Karton, laminieren Sie sie, und schneiden Sie sie aus.

zufrieden	liebenswert	heiter
friedliebend	kontaktfreudig	rücksichtsvoll
spontan	zielstrebig	begeisterungsfähig
gutmütig	tapfer	einzigartig
freundlich	mitreißend	gutaussehend
wertvoll	bescheiden	verspielt
schön	fleißig	unabhängig
großzügig	hilfsbereit	grandios
überzeugend	achtsam	fleißig
kreativ	musikalisch	taktvoll
erfinderisch	liebenswürdig	willensstark
einfühlsam	geduldig	wissbegierig

Kopieren Sie die Karten auf Karton, laminieren Sie sie, und schneiden Sie sie aus.

Du bist ein toller Junge.	Du bist ein tolles Mädchen.	Du bist ausgeglichen.
Du bist interessant.	Du bist aufmerksam.	Du bist lustig.
Du bist lässig.	Du kannst gut zuhören.	Du hast viel Energie.
Du bringst andere zum Lachen.	Du sagst das, was du denkst.	Du hilfst gerne.
Du lässt andere ausreden.	Du kannst anderen etwas gut erklären.	Du kümmerst dich um andere.
Du lachst gerne.	Du bist ein guter Kumpel.	Mit dir kann ich Spaß haben.
Du hast gute Ideen.	Du kannst gut zuhören.	Du tust das, was du gut findest.
Du bist schlau.	Du bist offen für andere Meinungen.	Du bist geschickt.
Du kannst andere für eine Sache begeistern.	Du strahlst Ruhe aus.	Du bist naturverbunden.
Da kannst gut organisieren.	Du kannst gut Witze erzählen.	Du bist attraktiv.
Du bist mitfühlend.	Du kannst gut lernen.	Du bist freundlich.

Teekesselchen der zusammengesetzten Nomen

Kennt ihr das Spiel „Teekesselchen“, in dem zwei gleiche Wörter mit unterschiedlichen Bedeutungen erklärt werden und du erraten musst, um welches Wort es sich handelt?

Spielt dieses Spiel nun in einer anspruchsvolleren Form – mit zusammengesetzten Nomen.

1. Findet in Partnerarbeit ein zusammengesetztes Nomen.
2. Sucht gemeinsam nach Aussagen, die je eines der beiden Nomen umschreiben.
3. Stellt diese Umschreibungen abwechselnd der Klasse vor, bis diese das zusammengesetzte Nomen erraten hat.

Beispiel: Federtasche

Mein Teekesselchen findet ihr an einem Vogel.

Mein Teekesselchen gibt es auch in Betten.

Mein Teekesselchen ist ein Naturprodukt.

Mein Teekesselchen kann bunt oder einfarbig sein.

Feder

Mein Teekesselchen braucht ihr beim Einkaufen.

In mein Teekesselchen könnt ihr etwas hineinlegen.

Mein Teekesselchen kann aus Plastik oder Stoff sein.

Mein Teekesselchen …

Tasche

Zu Besuch im A-Land 1/2

Kennt ihr das A-Land? Hier sprechen die Menschen in einer besonderen Sprache: Sie kennen nur Wörter mit dem Vokal A. So könntet ihr dort zum Beispiel die folgenden Sätze hören:

Amandas Mann stampft.
„Falsch", sagt Hans.
Da lacht das Lama. Haha!
Das macht Sara krank.

Sucht nach weiteren Sätzen, damit ihr euch mit den Bewohnern des A-Landes unterhalten könnt. Wer nicht ins A-Land möchte, kann auch in die Nachbarländer O-Land, I-Land, U-Land oder E-Land reisen.

1. Findet euch in 4er-Gruppen zusammen. Entscheidet gemeinsam, in welches Land ihr reisen wollt, und schreibt es auf: ______________________________

2. Sammelt in der Gruppe Wörter, mit denen ihr euch in eurem Urlaubsland unterhalten könnt.

--> **Tipps:**

- Nehmt zum Finden der Wörter Zeitungen, Wörterbücher, Lexika und auch das Internet zur Hilfe. In der Klasse liegen Karten mit weiteren Wörtern für die einzelnen Länder aus. Auch das Bilden von Reimwörtern kann euch zu weiteren Wörtern führen.
- Um Sätze aus den gefundenen Wörtern zu bilden, ist es hilfreich, die Wörter nach Wortarten aufzuschreiben. Legt dafür eine Tabelle wie die folgende an.

Nomen	Verben	Adjektive	Artikel	Konjunktionen	Pronomen	Interjektionen	Präpositionen	Adverbien	Numerale

3. Seid ihr für eure Reise sprachlich perfekt vorbereitet? Stellt eurer Klasse die Sätze vor.

Zu Besuch im A-Land 2/2

Kopieren Sie die Karten auf Karton, laminieren Sie sie, und schneiden Sie sie aus.

Wörterbuch für das A-Land

Watt, fragt, nass, Anna, sagt, Wand, ragt, Nacht, Hahn, Hand, mampft, Wald, an, Zahn, blass, platt, Haar, wahr, war, acht, kahl, Hass, wach, Fahrt, haha, ach, hart, nackt, Angst, Arzt, zäh, baut, traut, Bahn, Fass, Gast, das

Wörterbuch für das U-Land

Ulf, zum, Zug, zuckt, Nuss, nun, Blut, tut, Kurt, Schuh, Null, huscht, Mut, muss, ruht, Gudrun, gut, stumm, summt, Uhr, fuhr, um, zu, huhu, Huhn, Turm, flucht, krumm, schubst, Fuß, Fluss, jung, schmust, putzt, Fuchs, du

Wörterbuch für das E-Land

Verkehr, leer, Ehe, Elke, Helene, Rest, rechnet, Quelle, weg, Zweck, schmecken, echt, den, denn, Ecke, Ehre, ernten, Mensch, rennt, fegt, steht, Geld, wer, welche, weckt, Metzger, der, neben, nett, wenden

Wörterbuch für das I-Land

Fritz, Pflicht, Tipp, Tisch, Tim, wirkt, wischt, im, ihr, wir, spritzt, bis, Ring, pickt, Milch, Hirsch, Fink, bissig, kindisch, Tisch, Pilz, mir, hilft, Witz, nicht, mit, Blitz, Gift, zickig, schlimm, Wind, Ding, Mist, sitzt, Hirn, fit, flink, igitt

Wörterbuch für das O-Land

Otto, Foto, Obst, roh, rot, oft, Ohr, bockt, Topf, voll, schon, sorgt, Motor, Rock, droht, bohrt, Rolf, Floh, doof, och, froh, fromm, Los, Moos, rollt, tot, schon, groß, Wort, Rohr, vor, Loch, Kohl, holt, boxt, toll, hopst

Im Zoo

ABC

Wer erinnert sich noch an seinen letzten Besuch im Zoo? Dir fallen vielleicht noch viele unterschiedliche Tiere mit ihren Eigenschaften ein, von denen du zu Hause erzählen konntest. Wer erinnert sich am besten daran?

1. Findet euch in 4er-Gruppen zusammen, um möglichst viele Tiere mit ihren Eigenschaften zu sammeln.
2. Der erste Schüler beginnt: „Ich war gestern im Zoo und sah …". Dann nennt er ein Tier und seine Eigenschaften. Eine herausfordernde Aufgabe dabei ist, dass die Eigenschaften der Tiere mit dem gleichen Buchstaben wie das Tier selbst beginnen müssen.

Beispiel: „Ich war gestern im Zoo und sah einen **k**reischenden **K**akadu".

3. Der nächste Schüler eurer Gruppe ist an der Reihe und muss ein weiteres Tier nennen. Aber vorher muss er die von den Mitschülern genannten Tiere wiederholen.

Beispiel: „Ich war gestern im Zoo und sah einen **k**reischenden **K**akadu und einen **e**leganten **E**lefanten."

--> **Tipp:** Damit ihr beim Aufzählen nicht davon abgelenkt seid, nach neuen Tieren zu suchen, schreibt jeder für sich vor dem Spiel einige Tiere als „Vorrat" auf.

____

____

____

____

____

____

4. Wer ein Tier oder eine Eigenschaft beim Aufzählen vergisst, scheidet aus. Das Spiel ist zu Ende, wenn nur noch ein Spieler übrig geblieben ist.

--> **Tipps:**
- Wenn ihr das Spiel ein weiteres Mal spielt, kann eine neue Herausforderung sein, die Tiere in der alphabetischen Reihenfolge aufzuzählen.
- Fallen euch keine Tiere mehr ein? Dann zählt doch die Dinge auf, die ihr im Zoo gegessen habt. Beispiel: „Ich war gestern im Zoo und aß ein **w**armes **W**ürstchen."

Ideen:
- Überlegt euch andere Aufzählungen, bei denen Gegenstände, Tiere, Menschen usw. genannt werden können.
  Beispiel Menschen: „Ich ging gestern an den Strand und sah einen schnellen Schwimmer, einen jodelnden Jogger, …"
- Tauscht die Beispiele auch mit Nachbargruppen aus.

Wortarten gesucht

„Stadt, Land, Fluss" einmal anders: Wem fallen am schnellsten zu einem bestimmten Buchstaben Wörter zu jeder Wortart ein?

1. Jeder notiert zunächst alle Wortarten, die ihm einfallen. Vergleicht anschließend in der Klasse, welche ihr gefunden habt.

___

___

2. Einigt euch auf diejenigen, die ihr in euer Spiel aufnehmen wollt.

--> **Tipp:** Nicht zu jeder Wortart gibt es zu jedem Buchstaben passende Wörter. Je mehr Wortarten ihr also in euer Spiel aufnehmt, desto schwieriger wird es.

3. Schreibt die Wortarten als Überschrift in eine Tabelle auf ein quer gelegtes DIN-A4-Blatt.
4. Findet euch in 4er-Gruppen zusammen.
5. Ein Schüler spricht leise für sich das Alphabet. Ein weiterer ruft „Stopp!," und der erste nennt den Buchstaben, den er gerade leise zu sich selbst gesagt hat.
6. Nun versuchen alle Schüler so schnell wie möglich, zu diesem Buchstaben Wörter in die Wortartentabelle einzutragen.

Nomen	Verben	Adjektive	Zahlenwörter	Konjunktionen	...	Punkte
Ananas	achten	alt	acht	aber		
...						

7. Wer zuerst die Tabelle vollständig ausgefüllt hat, ruft „Stopp!". Nun müssen alle anderen Schüler aufhören, zu schreiben, und der schnellste liest seine Wörter vor:

   Für jedes richtige Wort, das kein anderer Schüler hat, gibt es zehn Punkte.
   Für jedes richtige Wort, das auch noch ein anderer Schüler hat, gibt es fünf Punkte.
   Es dürfen sich alle Schüler Punkte eintragen, auch wenn sie nicht zuerst fertig waren.

8. Wiederholt diesen Vorgang mehrmals. Sieger der Gruppe ist, wer am Ende die meisten Punkte hat.
9. Um den Klassensieger herauszufinden, können in einer letzten Runde die Gruppensieger gegeneinander antreten.

Rechtschreib-Bingo

Kein Mensch kann alle Wörter richtig schreiben – aber ihr könnt mit diesem Spiel üben, immer sicherer in Rechtschreibung zu werden.

1. Geht nacheinander an die Tafel. Jeder schreibt ein Lieblingswort, das ein „ä" oder „äu" enthält, auf. Macht so lange weiter, bis keinem mehr ein Wort dazu einfällt oder die Tafel voll ist.
2. Kontrolliert gemeinsam, dass alle Tafelwörter richtig geschrieben sind.
3. In ein Bingofeld, das aus 3 x 3 Kästchen besteht, schreibt jeder neun Wörter von der Tafel auf.

4. Eure Lehrkraft ruft nun langsam Wörter von der Tafel auf.
5. Wer eines dieser Wörter in seinem Bingofeld hat, streicht es durch. Derjenige ruft „Bingo!", wenn in seinem Feld drei Kreuze **diagonal** oder **senkrecht** oder **waagerecht** sind.
6. Wenn der „Bingo"-Rufer alle angekreuzten Wörter richtig geschrieben hat, ist er Sieger dieser Runde.
7. Wiederholt das Spiel mit anderen Wörtersammlungen.

Ideen:

- Wörter mit -heit am Ende
- Wörter mit -ung am Ende
- Wörter mit -keit am Ende
- Wörter mit Dehnungs-h
- Wörter mit ie
- Verben mit der Vorsilbe -ver
- Verben mit der Vorsilbe -zu
- Wörter mit Doppelkonsonanten
- Wörter aus Wortfamilien
- Wörter zu einem Wortfeld (z.B. zu „gehen")
- ...

Ich bin erstaunt, wie viele Wörter wir mit ... gefunden haben.
Wir können auch Wörter sammeln, die ...
Ich habe darauf geachtet, die Wörter groß zu schreiben, die ...

Eine Fabel ergänzen

1. Lies die Fabel „Der Wolf und der Kranich" von Äsop.
2. Ergänze beim Lesen die fehlenden Pronomen.

Der Wolf und der Kranich

Ein Wolf hatte ein Schaf erbeutet und verschlang ______________ so gierig, dass ______________ ein Knochen im Rachen stecken blieb.

In______________ Not setzte ______________ demjenigen eine große Belohnung aus, der ______________ von dieser Beschwerde befreien würde. Der Kranich kam als Helfer herbei; glücklich gelang ______________ das Entfernen des Knochens, und ______________ forderte nun die verdiente Belohnung.

„Wie?" höhnte der Wolf, „______________ Unverschämter! Ist es ______________ nicht Belohnung genug, dass du ______________ Kopf aus dem Rachen eines Wolfes wieder herausbrachtest? Gehe heim, und denke daran, dass ______________ es ______________ Milde verdankst, dass ______________ noch lebst!"

3. Vergleiche deine Ergänzungen mit einem Partner.
4. Schreibe gemeinsam mit deinem Partner einen Tipp an den Kranich, was er aus diesem Vorfall lernen kann:

Lieber Kranich,

____

____

____

____

____

____

5. Sprich mit der Klasse über den Vorfall aus der Fabel und den Tipp, den dein Partner und du dem Kranich gegeben habt.

Mit einem Freund habe ich Ähnliches erlebt, als ...
Euer Tipp an den Kranich ist passend, weil ...
Euer Tipp an den Kranich ist nicht passend, weil ...

Lesen

Der Trick mit der goldenen Kugel

1. Lies den Text „Im Jahre 1939 – Der Trick mit der goldenen Kugel“.

2. Markiere beim Lesen die Stellen im Text, die dir helfen, den Trick mit der goldenen Kugel zu verstehen.

--> Tipp: Der Text enthält zum Teil Begriffe, die du heute nicht mehr verwendest oder gar nicht kennst. Sicher gelingt es dir, den Inhalt auch so zu verstehen. Kläre unverständliche Wörter erst zum Schluss.

Im Jahre 1939 – Der Trick mit der goldenen Kugel

„In der dörflichen Gastwirtschaft gab es in unserer Jugend noch keine Glücksspielautomaten. Dafür hing aber gleich an der Eingangstür ein flacher, verschlossener Karton, auf dessen Deckel eine kreisrunde Papierscheibe mit vielen kleinen aufgedruckten Ringen angebracht war. Für einen Groschen durchbohrte man mit einem kleinen Stöpsel einen dieser vorgezeichneten Ringe. Wenn man Glück hatte, fiel eine kleine, farbige Kugel, die hinter diesen Ringen angebracht war, in einen Glasbehälter, der unten am Karton befestigt war. Je nach Farbe der gefallenen Kugel durfte man sich am Ausschank einen kleinen Gewinn abholen. Das Ziel für alle, die an diesem Gewinnspiel mitmachten, war natürlich die goldene Kugel, denn wenn diese fiel, gewann man einen großen Kasten Pralinen. Wie es der Zufall wollte, hatte ein Junge unserer Bande, Herman mit Namen, solch eine goldene Kugel in der Hosentasche. Wir kratzten die letzten Pfennige zusammen und zogen damit in die Gaststube. Zu unserem Glück saß an diesem schönen Sommertag die alte Großmutter hinter dem Tresen, denn der Wirt war mit seinem Gesinde in der Heuernte. Um die alte Frau abzulenken, führten zwei von uns mit ihr ein Gespräch, während sich die anderen vor dem Glücksspiel gruppierten. Herman steckte die goldene Kugel in eins der Löcher, stocherte mit dem Stöpsel nach, und unter Gejohle kam die Kugel unten an. Wir zeigten sie bei der Mutter des Wirtes vor, und diese musste jetzt den Hauptgewinn herausrücken. Wir, die wir nur selten mit Süßigkeiten bedacht wurden, konnten jetzt endlich einmal auch in Pralinen schwelgen.“

(Kurt Schmidt)

3. Bilder und Skizzen, die du nach dem Lesen anfertigst, können dir helfen, den Text zu verstehen. Erstelle mit Hilfe deiner Markierungen im Text auf einem Extrablatt eine Skizze von dem Glücksspiel-Karton, die erklärt, wieso der Trick mit der goldenen Kugel funktionieren konnte.

--> Tipp: Beschrifte deine Skizze mit hilfreichen Stichwörtern.

4. Hänge deine Skizze in der Klasse auf, und vergleiche sie mit denen deiner Mitschüler.

5. Hast du einen ähnlichen Streich erlebt oder von deinen Großeltern oder Eltern erzählt bekommen? Erzähle dieses Erlebnis.

Fünf-Sätze-Karten

In der Klasse liegt auf vier Tischen je eine Fünf-Sätze-Karte. Die Klasse wird in vier Gruppen aufgeteilt. Jede setzt sich zu einer Fünf-Sätze-Karte an einen Tisch mit folgender Aufgabe:

1. Lest euch die Sätze gemeinsam durch, und bringt die Sätze in eine sinnvolle Reihenfolge. Diskutiert, und begründet eure Vorschläge. Nummeriert die Sätze in eurer endgültigen Reihenfolge. Stellt die Sätze in der von euch gewählten Form der Klasse vor.

	Fünf-Sätze-Karte
	Während der eine Vogel die Erde aus dem Tunnel befördert, hält der andere Vogel Wache.
	Eisvogelpaare bauen ihre Nester an steilen Wänden von Fluss- und Bachufern.
	Nach ca. drei Wochen ist das Nest fertig und wird zum Wiederfinden markiert.
	Zunächst hacken sie mit ihrem spitzen, langen Schnabel ein Loch in den festen Sand oder Lehm.
	Am Ende des Tunnels bauen die Vögel eine Nisthöhle.

	Fünf-Sätze-Karte
	Auf der Haut verdunstet der Schweiß, der überwiegend aus Wasser besteht.
	Dadurch wird die Haut kühler, und der Körper überhitzt bei großer Wärme nicht.
	Du kannst beobachten, dass Schweißperlen auf die Haut treten, wenn es sehr heiß ist.
	Der Schweiß tritt durch kleine Öffnungen auf die Oberfläche.
	Wenn das Wasser auf der Hautoberfläche verdunstet, wird der Haut Wärme entzogen.

	Fünf-Sätze-Karte
	Bei Regen suchen sie sich jedoch schnell einen schützenden Unterschlupf.
	Unsere Hauskatzen stammen von Wildkatzen ab, die in trockenen und warmen Regionen leben.
	Du kannst beobachten, dass Katzen oft in der Sonne liegen.
	Du kannst aus dieser Vorliebe ihre Herkunft ableiten.
	Daraus kannst du schließen, dass Hauskatzen trockene und warme Orte mögen.

	Fünf-Sätze-Karte
	Viele Schwalben kehren im Frühjahr in ihren Geburtsort zurück.
	Bald darauf kannst du diese Vogelscharen hinwegziehen sehen.
	Jedes Jahr im Spätsommer kannst du beobachten, wie sich viele Schwalben sammeln.
	Dabei legen sie eine Strecke von mehreren Tausend Kilometern bis nach Afrika zurück.
	Die Schwalben begeben sich auf die Reise, um in wärmeren Ländern zu überwintern.

2. Entwickelt in Partnerarbeit weitere Fünf-Sätze-Karten für die Klasse.

Peter Pan, der Junge, der nie groß werden will, lebt in Nimmerland und ist der Anführer einer Gruppe, den „verlorenen Jungs". Peter Pan kann fliegen und nimmt von einer Reise nach London das Mädchen Wendy mit zu sich ins Nimmerland. Wendy übernimmt dort die Mutterrolle für die verlorenen Jungs und kämpft mit Peter Pan gegen dessen Feind Kapitän Hook.

1. Lies die Überschrift des folgenden Buchauszuges von „Peter Pan". Schreibe auf, welche Gefühle und Gedanken dir dazu einfallen.

____

____

____

____

____

2. Lies nun den Text. Markiere beim Lesen Schlüsselwörter, die dir mehr über den Trick der Piraten bei ihrem Überfall verraten.

Der Überfall der Piraten

„Der Große Angriff der Piraten hatte begonnen. Ein Höllenlärm drang durch die hohlen Bäume bis in die Höhle hinunter. Wendy, Peter und die Jungen hörten die wilden Schreie der Männer und das Klirren der Waffen. Plötzlich tiefe Stille! Der Kampf schien schon zu Ende zu sein. Die Jungen fragten Peter: „Was meinst du, wer hat gesiegt? Die Indianer oder die Piraten?"
„Wenn ihr die große Trommel hört, haben die Indianer gewonnen", antwortete Peter.
Diese Worte hörte ein Pirat, der als Wächter an einem hohlen Baum stand und lauschte. Er berichtete Hook sofort, was er gehört hatte. Der Kapitän grinste hämisch. Die Piraten hatten gesiegt und die große Trommel der Indianer erobert.
„Schlag die Trommel!", befahl Hook einem Piraten. Der schaute seinen Kapitän ungläubig an.
„Tu, was ich dir befohlen habe!", sagte Hook. „Peter Pan soll glauben, seine Freunde, die Indianer, hätten gesiegt."
Als Peter Pan unten in der Höhle den Trommelwirbel hörte, schrie er: „Juchhu! Die Indianer haben gesiegt!"
Wendy und die Jungen jubelten. Jetzt konnten sie sich endlich mit Glöckchen auf den Weg nach Hause machen. Sie winkten Peter noch einmal zu und verschwanden in ihren hohlen Bäumen.
Aber oh weh! Als sie oben ankamen, sahen sie die Sieger. Es waren nicht ihre Freunde, die Indianer. Es waren die Piraten. Sie nahmen die Jungen sofort gefangen, fesselten sie und schleppten sie auf ihr Schiff …"

(James Matthew Barrie: Peter Pan. ©Cecilie Dressler Verlag, Hamburg. Übersetzt von Bernd Wilms.)

3. Mit der Trommel haben die Piraten einfach Lärm gemacht und so eine Botschaft „versendet". Mit Hilfe des Morsealphabets hätten sie aber sogar konkrete Nachrichten verschicken können.
Suche dir einen Partner, und schreibe mit weit auseinander stehenden Großbuchstaben auf, welche kurze, hinterhältige Botschaft die Piraten im Namen der Indianer getrommelt haben könnten.

--> Tipp: Deine Markierungen können euch helfen.

Von den Piraten verfasste Nachricht der Indianer:

____

____

____

____

4. Versucht nun, diese Nachricht mit Hilfe des Morsealphabetes leise zu trommeln.

Schreibt unter jeden Buchstaben eurer Nachricht die Zeichen, die ihr trommeln müsst.

Morsealphabet

(Punkt = kurz trommeln, Strich = lange trommeln)

a ·–	j ·–––	s ···	1 ·––––
ä ·–·–	k –·–	t –	2 ··–––
b –···	l ·–··	u ··–	3 ···––
c –·–·	m ––	ü ··––	4 ····–
d –··	n –·	v ···–	5 ·····
e ·	o –––	w ·––	6 –····
f ··–·	ö –––·	x –··–	7 ––···
g ––·	p ·––·	y –·––	8 –––··
h ····	q ––·–	z ––··	9 ––––·
i ··	r ·–·		0 –––––

verstanden ···–·   Schlusszeichen ·–·–·

5. Trommelt eure Nachricht der Klasse vor. Kann jemand von den Mitschülern die Nachricht entschlüsseln?

6. Stellt euch vor, ein Indianermädchen und ein Indianerjunge haben eine weitere Trommel gefunden und können auf diese Weise Peter Pan, Wendy und die Jungs warnen. Notiert, und trommelt auch diese Warnung.

Leseketten-Spiel 1/2

Genaues Lesen, genaues Darstellen, genaues Beobachten und gutes Kombinieren – das ist beim Lesekettenspiel gefragt.
Kopieren Sie die Lesekarten auf Karton, und schneiden Sie sie aus.
Die Schüler erhalten dann die folgende Anleitung.

1. Jeder von euch erhält eine Karte. Sind mehr Karten als Schüler vorhanden, bekommen einige Schüler eine zweite.
   Es müssen auf jeden Fall alle Karten verteilt werden!
2. Nun dreht ihr die Karten gleichzeitig um. Lest, was darauf steht.
3. Der Schüler mit der Karte „Start" beginnt.
   Er führt den angegebenen Auftrag aus.
4. Wenn ihr das, was ihr bei der Handlung eines Mitschülers erkennt, auf eurer Karte stehen habt, seid ihr als Nächstes an der Reihe und erledigt euren Auftrag. So geht ihr vor, bis das Ende genannt wird.

--> **Tipps:**

- Wenn ihr die Karten neu verteilt, kann das Spiel mehrmals gespielt werden. Seid ihr beim zweiten Mal schneller?
- Ihr könnt auch selbst eigene Lesekarten entwickeln. Es ist gar nicht so schwierig!

Start Stelle dich vor die Tafel, und rufe: „Sehr verehrte Damen und Herren! Ich bitte um Aufmerksamkeit. Wir fangen an."	Jemand steht vor der Tafel und möchte anfangen. Lege deinen Kopf auf den Tisch, und schnarche laut.	Jemand schnarcht laut. Gehe zu ihm, decke ihn mit einer Jacke zu, und wünsche leise „Gute Nacht".
Ein schlafender Schüler wird freundlich zugedeckt. Stehe auf, und tanze um deinen Stuhl einen Freudentanz.	Jemand freut sich und tanzt um seinen Stuhl. Gehe zum Fenster, öffne es, und krähe laut wie ein Hahn.	Du hörst einen krähenden Hahn. Gehe zur schlafenden Person, und wecke sie sanft.
Eine schlafende Person wird geweckt. Stelle dich hin, schaukle deinen Oberkörper von links nach rechts, und rufe „Ticktack, Ticktack".	Du hörst das Ticken einer Uhr. Singe eine Strophe eines Kinderliedes.	Jemand singt ein Kinderlied. Gehe zur Tafel, und male ein Kreuz darauf.

An die Tafel wurde ein Kreuz gemalt. Mache einen Dauerlauf durch die Klasse.	Jemand läuft durch die Klasse. Du rufst: „Ein Wirbelsturm, ein Wirbelsturm. Rette sich, wer kann!"	Jemand warnt vor einem Wirbelsturm. Setze dich unter den Tisch, und rufe: „Ich brauche einen Arzt."
Jemand ruft nach einem Arzt. Stehe auf, hole die Person unter dem Tisch hervor, und setze sie auf das Pult.	Eine Person sitzt auf dem Pult. Öffne eine Schranktür, und frage suchend: „Wo ist denn nur die Katze?"	Eine Katze wird gesucht. Gehe an die Tafel, und male neben das Kreuz einen Kreis.
An die Tafel wird ein Kreis gemalt. Hole die Person vom Pult, und setze sie wieder an ihren Platz	Eine Person wird vom Pult an ihren Platz geführt. Rufe laut: „Ich bin heute nicht mit dem Abwasch dran."	Jemand weigert sich, den Abwasch zu machen. Gehe an die Tafel. Wische das Kreuz und den Kreis weg.
Jemand reinigt die Tafel. Klatsche in die Hände.	Jemand klatscht. Nimm deinen Tischnachbarn an die Hand, und stelle ihn vor die Tür.	Jemand hat den Klassenraum verlassen. Gib deiner Lehrkraft ein Heft, und wünsche einen schönen Tag.
Die Lehrkraft hat ein Heft erhalten. Hole die Person vor der Tür wieder herein.	Die Person vor der Tür wird wieder hereingebeten. Rufe laut: „5 + 5 = 12!"	Jemand verrechnet sich. Stehe auf, und spiele Luftgitarre.
Jemand spielt Luftgitarre. „Fahre" durch die Klasse mit Geräuschen eines Autos.	Ein Auto fährt durch die Klasse. Stehe auf, halte das Auto an, und rufe: „Halt, Polizei!"	Ein Polizist ist da. Gib dem Polizisten die Hand, und sage: „Spieglein, Spieglein an der Wand, ich bin die Klügste im ganzen Land."
Du siehst eine kluge Person mit einem Spiegel. Klopfe 6-mal auf den Tisch.	Es wird geklopft. Rufe: „Schluss jetzt mit dem Quatsch!"	Jemand will, dass der Quatsch aufhört. Sammle die Karten ein, und lege sie auf das Pult.

In dem Buch „Charlie und die Schokoladenfabrik" von Roald Dahl hat der aus einer armen Familie stammende Junge Charlie das große Glück, gemeinsam mit vier anderen Kindern die fantastische Schokoladenfabrik von Herrn Wonka zu besuchen. Dort sehen sie nicht nur Flüsse aus Schokolade, sondern auch viele für Kinder großartige Erfindungen von Herrn Wonka.

Den Flur entlang

„Keine Zeit mehr für Bummelei! Wir kommen niemals durch, wenn wir weiter so trödeln!", sagte Herr Wonka und rannte immer weiter durch endlose rosa Flure. Sein schwarzer Zylinder saß hoch oben auf seinem Kopf, und seine pflaumenblauen Frackschwänze flatterten wie Wimpel hinter ihm her. Sie kamen an einer Tür vorbei. Keine Zeit, da hineinzugehen! Weiter, bitte, weiter!"

Jetzt gab es immer mehr Türen: Beinahe alle zwanzig Schritte kam eine Tür, und auf jeder stand etwas geschrieben, und aus jeder drangen eigenartige, klappernde Geräusche heraus.
Köstliche Düfte entwichen durch die Schlüssellöcher, und manchmal quoll sogar ein bisschen Dampf aus den Ritzen hervor. Großvater Josef und Charlie mussten beinahe Trab laufen, um mit Herrn Wonka Schritt zu halten. Trotz aller Eile konnten sie im Vorbeigehen die Schilder an einigen der Türen lesen: Essbare Kopfkissen aus Zuckerwatte.
„Eine tolle Masche, diese Zucker-Kopfkissen!", rief Herr Wonka im Vorbeilaufen. „Die Leute werden sich darum reißen, wenn sie erst einmal in den Geschäften verkauft werden!"

„Ableckbare Tapeten für Kinderzimmer" stand an der nächsten Tür.
„Herrlich, diese ableckbaren Tapeten! Es sind Bilder von Früchten darauf … Bananen, Äpfel, Apfelsinen, Weintrauben, Ananas, Erdbeeren, Schniefbeeren …" „Schniefbeeren?", fragte Mickey Schießer. „Unterbrich mich bitte nicht!", sagte Herr Wonka. „Auf dieser Tapete sind also Bilder von Früchten, und wenn man das Bild einer Banane ableckt, dann schmeckt das nach Banane. Wenn man das Bild einer Erdbeere ableckt, schmeckt es auch nach Erdbeere. Und wenn man das Bild einer Schniefbeere ableckt, schmeckt es genau wie eine echte, frische Schniefbeere …"
„Aber wie schmeckt eine Schniefbeere?", fragte Mickey Schießer.
„Du murmelst schon wieder! Sprich das nächste Mal bitte etwas lauter und deutlicher!", sagte Herr Wonka. „Weiter geht's. Lauft bitte ein bisschen schneller!"

„Heisses Eis für kalte Tage" stand an einer Tür.
„Äußerst nützlich im Winter! Heißes Eis wärmt einen wunderbar auf, wenn's draußen friert", erklärte Herr Wonka. „Ich mache auch

heiße Eiswürfel für heiße Getränke. Heiße Eiswürfel machen heiße Getränke noch heißer", sagte Her Wonka.

„Kühe, die Schokoladenmilch geben" stand auf der nächsten Tür. „Süße Tierchen! Ich liebe meine kleinen Kühe!", schwärmte Herr Wonka.
„Ich will die Kühe sehen!", sagte Veruschka. „Warum müssen wir an all diesen interessanten Räumen vorbeirennen, warum dürfen wir nicht hinein?"
„Wir gehen schon noch in einen Raum hinein; sei bitte nicht so furchtbar ungeduldig!", vertröstete Herr Wonka sie.

„Luftballon-Brause" stand an der nächsten Tür.
„Ein fabelhaftes Getränk! Wenn man es trinkt, dann füllt es einen mit Blasen, und die Blasen enthalten eine besondere Sorte Gas, und das Gas ist so unglaublich erhebend, dass es dich glatt vom Boden hochhebt wie einen Luftballon! Und dann gehst du hoch, bis du mit dem Kopf an die Decke stößt … und da bleibst du dann schweben", erklärte Herr Wonka.
„Und wie kommt man wieder runter?", fragte Charlie?
„Ganz einfach. Du brauchst nur zu rülpsen", antwortete Herr Wonka. „Du gibst einen lauten, langen, unverschämten Rülpser von dir, dann kommt dir das Gas hoch, und du kommst runter…"

(Roald Dahl: Charlie und die Schokoladenfabrik. Deutsche Übersetzung von Inge M. Artl u. Hans Georg Lenzen. © 1981, 1987 by Rowohlt Verlag GmbH, Reinbek bei Hamburg)

1. Herr Wonka möchte viele Kinder mit seinen Erfindungen glücklich machen. Entwickelt deshalb in Kleingruppen die Werbeanzeigen für diese Produkte, damit sie von Eltern gekauft werden.

   Nur wenn ihr ein Produkt gut genug kennt, könnt ihr auch eine Werbeanzeige dafür entwickeln. Unterstreicht deshalb beim erneuten Lesen Schlüsselwörter, die die Erfindungen näher beschreiben.

--> **Tipp:** Nehmt beim Unterstreichen für jede Erfindung eine andere Farbe. So behaltet ihr den Überblick.

2. Wählt in der Kleingruppe eine Erfindung aus, die euch besonders gut gefällt.

3. Entwickelt nun auf einem DIN-A3-Plakat eine Werbeanzeige für diese Erfindung.

--> Tipp: Die folgende Tabelle hilft euch dabei.

Fragen	Unsere Entscheidungen
Für welche Erfindung wollen wir eine Werbeanzeige herstellen?	
Was ist das Besondere an dieser Erfindung?	
Wer ist unsere Zielgruppe?	
Welche Farben passen zu der Erfindung?	
Welcher Spruch/Text passt zu der Erfindung?	
Welche Schrift passt zu der Erfindung?	
Welche Bilder wollen wir nutzen?	

4. Stellt eure Werbeanzeige der Klasse vor.

Der Text passt gut zu der Erfindung, weil...
Könnt ihr mir erklären, warum ihr die Farbe ... für eure Anzeige gewählt habt?
Ich würde die Erfindung kaufen, weil ...

„… und dann sagt das Kind …"

Im folgenden Gespräch ist ein Sprecher bereits vorgegeben, der andere Gesprächspartner muss noch passend ergänzt werden.

1. Sucht euch einen Partner.
2. Schreibt den fehlenden Teil des Gespräches. Setzt dabei an den richtigen Stellen die Zeichen der wörtlichen Rede.

--> **Tipp:** Lest die vorhandenen Sätze genau:
Worum geht es, welche Stimmung spürt ihr?

Mutter: „Ich habe dir schon 100-mal gesagt, dass wir uns keinen Hund kaufen werden."
Kind: ______________________________
Mutter: „Aber wer soll denn mit dem Hund spazieren gehen. Du bist ja nie da."
Kind: ______________________________
Mutter: „Ja, aber vormittags ist der Hund trotzdem allein."
Kind: ______________________________
Mutter: „Nein, ich arbeite doch auch. Außerdem kostet die Haltung eines Hundes viel Geld."
Kind: ______________________________
Mutter: „Ein Hund muss manchmal zum Tierarzt und braucht jeden Tag sein Fressen."
Kind: ______________________________
Mutter: „Dein Taschengeld reicht dafür bestimmt nicht aus."
Kind: ______________________________
Mutter: „Da stimme ich dir zu. Aber kuscheln kannst du auch mit mir."
Kind: ______________________________
Mutter: „Sicherlich, ein Hund ist treuer Bewacher. Das wird vor allem Papa wegen seiner Eisenbahnsammlung interessieren."
Kind: ______________________________
Mutter: „O.k., wir sprechen heute Abend noch einmal gemeinsam darüber."

3. Übt den Vortrag eures fertiggestellten Gespräches.
4. Präsentiert das Ergebnis der Klasse.
5. In der Ideenkiste findet ihr Situationen, zu denen ihr weitere Lückengespräche für eure Mitschüler vorbereiten könnt.

Ideen:

- bei der Polizei
- am Ticketschalter
- in der Apotheke
- beim Hausmeister
- in einem Café

Eine Gedenktafel für den Piraten Klaus Störtebeker 1/2

Unten findest du einen Buchauszug aus Uwe Timms Abenteuerroman „Der Schatz auf Pagensand". Darin geht es um den Jungen Benno, der in einem Buch über den Piraten Klaus Störtebeker liest, von dessen Leben Benno und seine Freunde sehr begeistert sind.

1. Hast du schon einmal von Störtebeker gehört? Notiere dein Wissen um das Foto herum.

2. Lies dir den Buchauszug durch. Markiere beim Lesen Stichwörter, die dir etwas über den Piraten Störtebeker verraten.

Uwe Timm

Der Schatz auf Pagensand

In der Pause fragte ich: Mensch, Benno, was liest du denn da?
Benno zeigte uns das Buch.
Das war die eigentliche Überraschung – es war kein Abenteuerroman, es war ein Buch mit vielen Zeichnungen und Landkarten. Ein Buch, das Benno aus der Schulbibliothek ausgeliehen hatte. Es zeigte die Elbe zwischen Hamburg und der Nordsee. Das fand ich nun doch etwas übertrieben, dass Benno sich jetzt auch noch mit geschichtlichen Büchern auf den Geografieunterricht vorbereitete. Schließlich war ja schon Zeugnisschluss gewesen und wir alle machten so wenig wie nur irgend möglich.
Willst du dir noch eine Eins mit Stern holen, fragte Jan.
Quatsch. Ich such was.
Was denn?
Da, sagte Benno und tippte auf eine Stelle der Elbkarte, da muss er liegen.
Wer? Der Schatz. Welcher Schatz? Na Störtebekers Schatz.
Wir sahen uns an und dachten, jetzt ist er durchgedreht.

Eine Gedenktafel für den Piraten Klaus Störtebeker 2/2

Natürlich kannten wir die Geschichte von Störtebeker, dem Seeräuber, der vor gut 500 Jahren die Hamburger Schiffe gekapert und dabei unermessliche Schätze erbeutet hatte, bis sein Schiff in der Elbmündung von einer Hamburger Kriegskogge geentert wurde. Störtebeker wurde gefangen und mit seinen Gefärten auf dem Grasbrook hingerichtet. Zwei Schädel, auf Pfähle aufgespießt, kann man im Museum für Hamburgische Geschichte besichtigen. Benno hatte Georg, Jan und mir dazu eine wilde Geschichte erzählt. Vor der Hinrichtung durfte Störtebeker einen letzten Wunsch äußern. Seine Bitte: Man möge seine Mannschaft in einer Reihe aufstellen, dann solle ihm der Scharfrichter den Kopf abschlagen, und diejenigen seiner Männer, an denen er ohne Kopf vorbeilaufen könne, die sollten freigelassen werden.
Stimmt das wirklich? Ja doch.
Der Henker Rosenblatt riss also Störtebeker den Kragen herunter, schnitt ihm das Haar im Nacken kurz, dann schlug er Störtebeker den Kopf ab und der Körper von Störtebeker lief tatsächlich los, lief an sechs seiner Leute vorbei und wäre noch weiter gelaufen, hätte ihm nicht ein Ratsherr ein Bein gestellt.
Quatsch, sagte Jan, das geht doch gar nicht.
Hast du nie gesehen, wie Hühner, denen der Kopf abgeschlagen wird, noch weiterfliegen?
Stimmt, sagte Georg, der auf einem Bauernhof aufgewachsen war.
Und der Schatz?
Der Schatz war weg. Dabei hatte Störtebeker dem Hamburger Senat angeboten, wenn man ihn und seine Leute freiließe, wollte er eine Kette aus purem Gold um die ganze Stadt legen.
Viele Leute haben den Schatz gesucht, niemand hat ihn gefunden, aber ich weiß, wo er liegt, sagte Benno.
Georg kriegte vor Staunen den Mund nicht mehr zu. (...)

(Uwe Timm: Der Schatz auf Pagensand. Deutscher Taschenbuch Verlag, 2006.
© Nagel & Kimche im Carl Hanser Verlag München)

3. Schreibe für das Museum für Hamburgische Geschichte eine Gedenktafel, auf der Informationen zur Person Störtebekers und seinen Taten dargestellt sind.

--> Tipp:
- Weitere Informationen findest du im Internet oder in Lexika.
- Deine Stichwörter und Markierungen helfen dir.

4. Gestalte die Gedenktafel, und hänge sie in der Klasse auf.

Für mich ist deine Information über Störtebeker neu, dass er ...
An deiner Gedenktafel gefällt mir, dass ...

Fleischfressende Pflanzen 1/2

Unheimlich aber wahr: Es gibt fleischfressende Pflanzen, die mit ihren Blättern Insekten und sogar Frösche fangen und diese Tiere verdauen, um sich von ihnen zu ernähren.

1. Kennst du die unterschiedlichen Fallentypen der fleischfressenden Pflanzen? Zeichne zu den einzelnen Texten über die Fallentypen passenden Bilder. Lies die Texte genau.

--> Tipp: Markiere beim Lesen Schlüsselwörter, die dir etwas über die Fangart und den Aufbau der fleischfressenden Pflanze verraten.

Zeichne jetzt mit einem Bleistift zu jedem Falltyp eine passende Pflanze.

2. Vergleiche deine Bilder mit denen deiner Mitschüler und den Bildern der Folie. Gibt es Gemeinsamkeiten oder Unterschiede?

	Die fleischfressenden Pflanzen mit **Fallgrubenfallen** bilden aus ihren Blättern einen Hohlraum mit glatten Innenwänden. Gelangt ein Insekt in diese Fallgrube, kann es wegen der glatten Wände nicht mehr herauskrabbeln.
	Die Pflanzen, die mit der Methode der **Saugfalle** arbeiten, können ihre Beute nur unter Wasser oder unter der Erde fangen. In der Pflanze wird wie in einer Pipette ein Unterdruck aufgebaut, der sich plötzlich in einen normalen Druck umwandelt und auf diese Weise das Tier mit dem Wasser oder der Erde in sich aufsaugt.
	Bei dem Prinzip der **Klappfalle** besitzen die Blattinnenseiten Haare zum Fühlen. Wenn ein Tier diese Haare reizt, schließen sich die Blätter mit einer schnellen Bewegung. Da die Blattränder wie Fangeisen angeordnet sind, kann das Tier auch nicht aus den Blätterzwischenräumen entweichen.
	Bei den Pflanzen mit **Klebefallen** wird über Tentakeln an den Blatträndern ein Sekret, d.h. eine zähe Flüssigkeit, abgegeben. Dessen Duftstoff lockt Insekten an. Diese bleiben dann an dem Sekret kleben. Je mehr sie versuchen, sich zu befreien, desto mehr Körperteile der Tiere bleiben an der Flüssigkeit haften.

Ziehen Sie eine Folie von den folgenden Fotos.

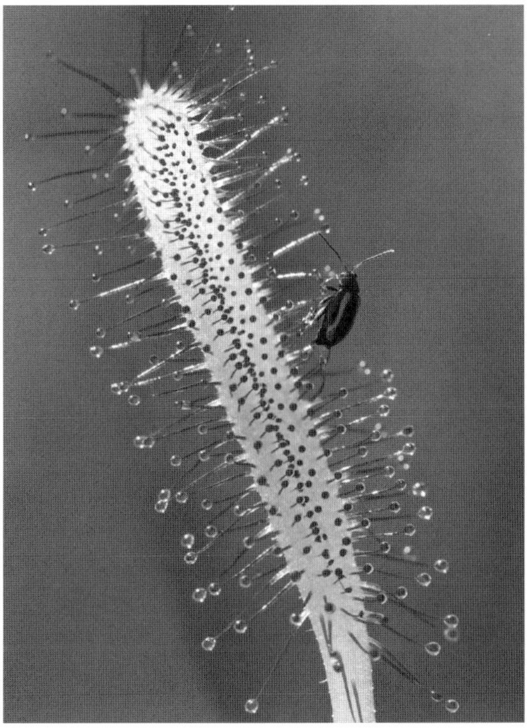

Sonnentau

Kannenpflanze

Verkannter Wasserschlauch

Venusfliegenfalle

Ein Gedicht – ein Rätsel

1. Das Gedicht von Poldi Boxrucker ist durcheinandergeraten.

   Wenn du es in eine sinnvolle Reihenfolge bringst,
   entsteht am Ende ein Rätsel, das du bestimmt lösen kannst:

   a) Schneide die Zeilen des Gedichtes aus.

   b) Lies die Zeilen.

   c) Schiebe die Zeilen hin und her. Verändere ihre Reihenfolge so lange, bis ein sinnvolles Gedicht entsteht.

   d) Vergleiche deine Reihenfolge mit einem Partner.
   Begründe deine Entscheidungen.

2. Löse nun mit deinem Partner das Rätsel: Es ist der ________________!

3. Nun kennst du die Lösung. Passt die Reihenfolge des Gedichtes immer noch dazu? Wenn du dir sicher bist, klebe die Streifen auf ein Blatt.

4. Lies dein Gedicht der Klasse vor.
   Gibt es Gemeinsamkeiten und Unterschiede?

So geht's, obgleich er nicht bewohnt,
Dann tritt er gleich den Rückweg an,
er wächst, obwohl ihn niemand gießt,
neunundzwanzig Tage lang.
Im Anfang er dem Kipfel gleicht,
jahraus, jahrein. Wer ist's? Der …
er auch nicht weiter wachsen kann.
doch wenn die Kreisform er erreicht,
indem er wieder kleiner wird,
Rätsel
weil täglich er ein Stück verliert.
Er wächst, wenn er am kleinsten ist,
er wächst ohne Nahrung, Speis' und Trank,

Sprichwörter- und Redewendungen-Domino 1/2

Setze dich mit einem Partner zusammen. Schneidet die Domino-Kärtchen aus (nur an den gestrichelten Linien!), und spielt gemeinsam eine Runde.

START	„Aus Schaden wird man klug."	Wenn du etwas erreichen willst, habe Geduld.	„Jeder ist seines Glückes Schmied."
Was für einen Menschen von Nachteil ist, kann für einen anderen Menschen gut sein.	„Ein gebranntes Kind scheut das Feuer."	Rede nicht über andere Menschen, sondern fange bei dir selbst an, etwas zum Guten zu verändern.	„Was du heute kannst besorgen, das verschiebe nicht auf morgen."
Ich habe dringend etwas zu sagen oder zu tun.	„Gut Ding will Weile haben."	Wenn du etwas anfängst, bringe es auch zu Ende.	„Ein jeder kehre vor seiner eigenen Tür."
Halte Ordnung, dann musst du nicht lange suchen und auf dich und andere wütend werden.	„Lügen haben kurze Beine."	Erledige deine Aufgaben gleich, und verschiebe sie nicht auf später.	„Unter jedem Dach ein Ach."
Du bist selbst für dein Glück verantwortlich.	„Ein jedes Ding am rechten Ort erspart viel Zeit, manch' böses Wort."	Nach einer schwierigen Zeit kommt auch wieder eine gute Phase.	„Wer A sagt, muss auch B sagen."
An diesem Ort passiert nichts.	„Des Einen Leid ist des anderen Freud."	Wer einmal etwas Schlechtes erlebt hat, wird vorsichtig.	„Etwas brennt mir auf den Nägeln."
Du lernst aus Fehlern.	„Da liegt der Hund begraben."	Wer lügt, kommt nicht weit und wird entlarvt.	„Auf jeden Regen folgt ein Sonnenschein."

Sprichwörter- und Redewendungen-Domino 2/2

Setze dich mit einem Partner zusammen. Schneidet die Domino-Kärtchen aus (nur an den gestrichelten Linien!), und spielt gemeinsam eine Runde.

Es gibt mehrere Möglichkeiten, um ans Ziel zu kommen	„Schuster, bleib bei deinen Leisten."	Bleib ausdauernd und hartnäckig, dann erreichst du dein Ziel.	„Der Apfel fällt nicht weit vom Stamm."
Das Kind ist den Eltern sehr ähnlich.	„Man muss die Gelegenheit beim Schopfe ergreifen."	Rede nicht nur über gute Dinge, die du machen willst, sondern führe sie auch aus.	Ziel
Sage oder tue nur etwas zu einem Thema, wenn du darüber Bescheid weißt.	„Was Hänschen nicht lernt, lernt Hans nimmermehr."	Wenn du deine Sorgen jemandem erzählst, ist es nur noch halb so schlimm.	„Es gibt nichts Gutes außer man tut es."
Um eine Sache gut zu können, musst du üben.	„Viele Köche verderben den Brei."	Bringe zuerst deine Arbeit zu Ende, danach kannst du Spaß haben.	„Geteiltes Leid ist halbes Leid."
Wenn du eine Chance hast, nutze sie.	„Es ist noch kein Meister vom Himmel gefallen."	In jeder Familie gibt es Probleme.	„Es ist nicht alles Gold, was glänzt."
Was auf den ersten Blick gut erscheint, muss es am Ende nicht sein.	„Alle Wege führen nach Rom."	Wenn du mir hilfst, helfe ich dir auch.	„Steter Tropfen höhlt den Stein."
Wenn viele Menschen gleichzeitig an etwas arbeiten, wird es oft schlecht.	„Erst die Arbeit, dann das Vergnügen."	Was du als Kind nicht gelernt hast, lernst du auch nicht mehr als Erwachsener.	„Eine Hand wäscht die andere."

Ein Expertentreffen zu Ötzi 1/3

1991 entdeckte ein Ehepaar auf einem Gletscher in den Ötztaler Alpen eine Mumie. Es handelte sich um die Leiche eines Mannes, der vor mehr als 5000 Jahren gestorben war. Viele Wissenschaftler und Experten forschen seitdem zu dieser Mumie, die nach ihrem Fundort „Ötzi" benannt wurde.

1. Was weißt du bereits über Ötzi?
   Sammle dein Wissen in einem Brainstorming.

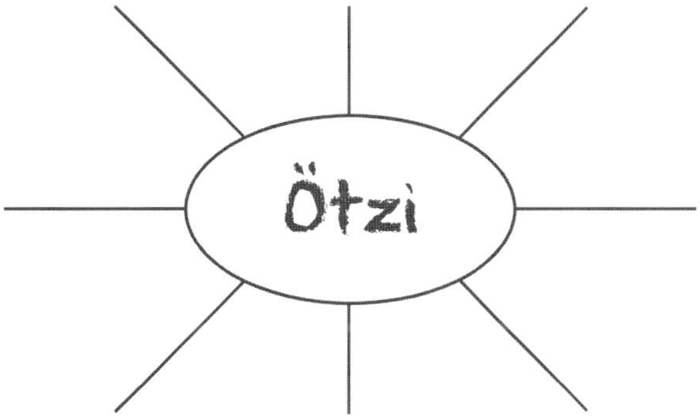

2. In der Klasse liegen vier Texte zu Ötzi aus. Teilt euch in vier Gruppen auf. Jede wählt sich einen Text aus.
3. Ihr seid Ötzi-Experten und sollt die Informationen eures Textes später an die anderen Gruppen weitergeben. Unterstreicht deshalb beim Lesen Schlüsselwörter, die euch beim Vortrag vor den anderen Gruppen helfen.
4. Übt mit Hilfe der Schlüsselwörter den Vortrag in eurer Gruppe.
5. Findet euch nun in vier neuen Expertengruppen zusammen: In jeder neuen Gruppen befindet sich jeweils ein Schüler aus den vorherigen Gruppen.
6. Jeder Ötzi-Experte trägt in seiner neuen Gruppe mit Hilfe der Schlüsselwörter sein Wissen über Ötzi vor.
7. Wenn ihr wieder in eurer ersten Gruppe angekommen seid, berichtet die Informationen, die ihr von den anderen Gruppen erhalten habt. Sprecht anschließend darüber.
8. Jeder von euch ergänzt die neuen Informationen zu Ötzi mit einer anderen Farbe in seinem Brainstorming.

Gruppe 1

Entdeckung und Fundstelle

Auf einer Wanderung in den Ötztaler Alpen wollte ein deutsches Ehepaar eine Abkürzung nehmen und entfernte sich vom vorgegebenen Weg. Die Eheleute entdeckten dann in einer Felsmulde eine Menschenleiche, die sie fotografierten, um den Fundort zu dokumentieren. Das Ehepaar erhielt später einen Finderlohn von 175000 Euro.

In den folgenden Tagen versuchten Bergungstrupps, die Leiche aus dem Eis zu befreien. Dies gelang erst beim dritten Versuch, da das Eis um die Leiche herum geschmolzen werden musste und ein Hubschrauber für den Transport benötigt wurde. Bis dahin ahnte niemand, dass es sich bei der Leiche um eine sehr alte Mumie handelt. Polizei und Bergungstrupps gingen davon aus, dass es sich um einen vor einigen Jahren verunglückten Wanderer handelte. Erst ein nach sechs Tagen hinzugezogener Archäologe und eine spätere Altersbestimmung legten die Lebenszeit der Mumie auf 3350 – 3100 v. Chr. fest. Dieser Fund war eine Weltsensation, da die Leiche zu den ältesten Mumien der Welt zählte und nahezu unversehrt geblieben war. In den Medien sprach man von jetzt an nur noch liebevoll von „Ötzi".

Gruppe 2

Die Ursache des Todes

Zehn Jahre nach Ötzis Auftauchen entdeckten Wissenschaftler auf Röntgenbildern der Mumie etwas Neues: In seiner linken Schulter steckte eine Pfeilspitze aus Feuerstein. An dem Blutverlust dieser Verletzung ist Ötzi wahrscheinlich nach wenigen Minuten gestorben. Außerdem befanden sich Schürfwunden am gesamten Körper und eine weitere tiefe Verletzung an der Hand. Die Experten gehen davon aus, dass ein Nahkampf stattgefunden haben muss. Die Forscher entdeckten zusätzlich eine Blutung im Gehirn, die von einem Sturz oder Schlag auf den Kopf entstanden sein könnte.

Auch den Todeszeitpunkt konnten die Wissenschaftler mit ziemlicher Sicherheit festlegen. Sie untersuchten die Nahrungsreste aus Ötzis Darm. Dort fanden sie Pollen von Pflanzen, die zwischen März und Juni blühen. In einem Behälter bewahrte Ötzi außerdem frische Blätter des Spitzahorns auf, welche es frisch nur zwischen Juni und September zu finden gibt. Deshalb gehen die Forscher davon aus, dass Ötzi im Frühsommer gestorben ist.

Gruppe 3

Der Körper der Mumie

Wie konnte ein Leichnam über so viele Jahre im Eis erhalten bleiben? Ötzi muss kurz nach seinem Tod luftdicht von Eis und Schnee bedeckt worden sein, da der Körper nicht verwest ist und auch nicht von Tieren angefressen wurde. Da Ötzi in einer Felsmulde lag, blieb er auf diese Weise vor den sich bewegenden und damit zerstörerischen Eismassen geschützt.

Ötzi wurde auf vielfältige Weise untersucht, sodass die Forscher zu folgendem Erscheinungsbild der Mumie kamen: Es handelte sich um einen Mann, der auf Grund der Knochenuntersuchung zum Zeitpunkt seines Todes ungefähr 45 Jahre alt gewesen sein musste. Er hatte eine Größe von ca. 1,60 m und wog ca. 50 kg. An der Fundstelle fand man schulterlanges, dunkles Haar. Zudem wird vermutet, dass Ötzi einen Bart hatte, weil auch kürzere Haare gefunden wurden. Die Untersuchung der Gene ergab, dass Ötzi braune Augen hatte.
An Ötzis Körper befanden sich ca. 50 Tätowierungen. Diese entstanden wahrscheinlich nicht zur „Verschönerung" des Körpers, sondern dienten der Linderung von Schmerzen, indem kranke oder verletzte Körperstellen mit einem Messer beschnitten und mit Holzkohle berieben wurden.

Gruppe 4

Ötzis Kleidung und Ausrüstung

Bei einer späteren Untersuchung der Fundstelle entdeckten Archäologen Ötzis sehr gut erhaltene Bärenfellmütze, die er mit zwei Lederbändern am Kinn schließen konnte. Sein Mantel bestand aus Schafsfell und wurde wahrscheinlich schon länger von ihm getragen, da am Fell Abnutzungen und Schweiß sichtbar sind. Die Hose bestand aus zwei Schafslederröhren, die Ober- und Unterschenkel schützten. Oben konnten die Röhren mit einem Lederriemen am Gürtel befestigt werden. Zusätzlich gab es einen 1 m langen Lendenschutz, der von vorn durch die Beine nach hinten gelegt und auch mit dem Gürtel fixiert wurde. Damit die Hose beim Gehen nicht hochrutschte, hatte Ötzi sie an seinen Schuhen festgebunden. Die Schuhe sind innen zur Wärmeisolierung und Polsterung mit Heu ausgestopft. Die äußere Schicht besteht aus Bärenleder und ist unter dem Fuß wie ein Schuhprofil angebracht, sodass Ötzi beim Klettern weniger ausrutschte. Vor Nässe haben diese Schuhe allerdings nicht geschützt.

Neben Ötzis Fundort fand man Pfeil und Bogen, einen Dolch und ein Beil, welches eine scharfe Kupferklinge besaß. Ein Netz aus Bast benutzte Ötzi wahrscheinlich bei der Jagd.

Jeden Tag stylen: Cool oder doof? 1/3

Es gibt in eurer Klasse vielleicht Mitschüler, die sich jeden Tag stylen. Dazu gehört, Schminke zu benutzen, die Haare zu färben und mit Gel zu frisieren oder Düfte zu verwenden – andere mögen dies aber wiederum gar nicht. Sicherlich hast auch du eine Meinung zu der Frage, ob man sich jeden Tag perfekt stylen muss oder nicht.

Auf der folgenden Seite findest du Meinungen und Argumente von Jugendlichen, die sich im Internet zu dem Thema geäußert haben.

1. Was meinst du: Welche Meinung haben die Jugendlichen?
   Kreuze deine Vermutung vor dem Lesen an.
   a) Die meisten Jugendlichen finden tägliches Stylen gut. ( )
   b) Die meisten Jugendlichen finden tägliches Stylen nicht gut. ( )
2. Finde heraus, ob du Recht hast: Lies die Texte. Markiere dabei die Argumente und Meinungen mit unterschiedlichen Farben:

   a) Unterstreiche mit einer Farbe alle Meinungen, die für ein tägliches Stylen sprechen.
   b) Unterstreiche mit einer anderen Farbe alle Argumente, die gegen ein tägliches Stylen sprechen.
3. Vergleiche dein Ergebnis mit einem Partner.
4. Zähle mit ihm die Meinungen, die für, und die Meinungen, die gegen tägliches Stylen sprechen. Trage das Ergebnis in die Tabelle ein.

Anzahl der Argumente, die für tägliches Stylen sprechen	Anzahl der Argumente, die gegen tägliches Stylen sprechen

5. Hast du richtig getippt? Vergleiche dein Ergebnis mit deiner Vermutung.
6. Welche Meinung haben deine Mitschüler? Stimme mit ihnen ab.
7. Trage das Klassenergebnis in die folgende Tabelle ein.

Anzahl der Schüler, die für tägliches Stylen sind	Anzahl der Schüler, die gegen tägliches Stylen sind

8. Wie begründen deine Mitschüler ihre Meinung? Tauscht euch darüber in der Klasse aus.
9. Du kannst euer Klassenergebnis auch in einem Diagramm darstellen. Eine Anleitung dazu liegt in der Klasse aus.
   Vergleicht in der Klasse eure Ergebnisse, und überlegt gemeinsam: Was ist der Vorteil eines Diagramms? Was ist bei der Tabelle besser?

Jeden Tag stylen: Cool oder doof? 2/3

Ich liebe es, mich jeden Tag zu stylen. Es tut mir einfach gut, und ich verwöhne mich damit auch ein bisschen.
Bibi 97

Meine Schwester steht jeden Tag stundenlang vor dem Spiegel. Das nervt! Meine Zeit ist mir dafür einfach zu schade.
Paul

Diejenigen in meiner Klasse, die sich immer stylen, sind eigentlich nur eitel oder wollen auf andere cooler wirken. Ich finde, es sollte mehr der Charakter zählen als das Aussehen.
doggy

Meine Freundinnen und ich probieren oft neue Produkte aus, die ich dann gerne jeden Tag trage, um zu schauen, wie sie auf andere wirken. Es bringt uns viel Spaß, gemeinsam Neues auszuprobieren.
Aylin

Man sollte ein gewisses Alter haben, um sich jeden Tag zu schminken. Ab Ende der 7. Klasse ist es o.k., weil man ab da schon etwas erwachsener wird. Vorher ist das peinlich.
Johannni_CBS

Ich unterstreiche mit meinem Styling in der Woche meinen natürlichen Typ. Am Wochenende gefällt es mir, wenn ich mit meinem frechen Look auffalle.
Goldkopf_xy

Die ganzen Stylingprodukte sind mir viel zu teuer. Ich spare mein Taschengeld lieber für ein Pferd. Nur manchmal, wenn wir uns am Wochenende mit Freunden treffen, benutze ich Wimperntusche.
Mine99

Mit meinem Styling kann ich mich jeden Tag von Mitschülern abgrenzen. Außerdem klappt es mit einem guten Styling super, von Problemzonen abzulenken.
K.TS

Es ist wichtig, sich jeden Tag zu pflegen, z.B. immer die Zähne zu putzen. Alles andere an Styling ist in meinen Augen nur Gruppenzwang.
Steffi

Wenn die Mädchen jeden Tag Make-up nehmen, erkennt man gar nicht mehr deren wahres Gesicht.
Joe-superstar

Ich komme mit gegelten Haaren in meiner Clique besser an. Wir stylen uns alle jeden Tag die Haare. Da will man einfach dazu gehören.
Superboy321

Ein Diagramm erstellen

Beispiel:
In einer 6. Klasse sind die Schüler bei der Abstimmung zu folgendem Ergebnis gekommen:

Anzahl der Schüler, die für tägliches Stylen sind	Anzahl der Schüler, die gegen tägliches Stylen sind
16	8

In einem Streifen-Diagramm bildet sich dieses Ergebnis folgendermaßen ab:

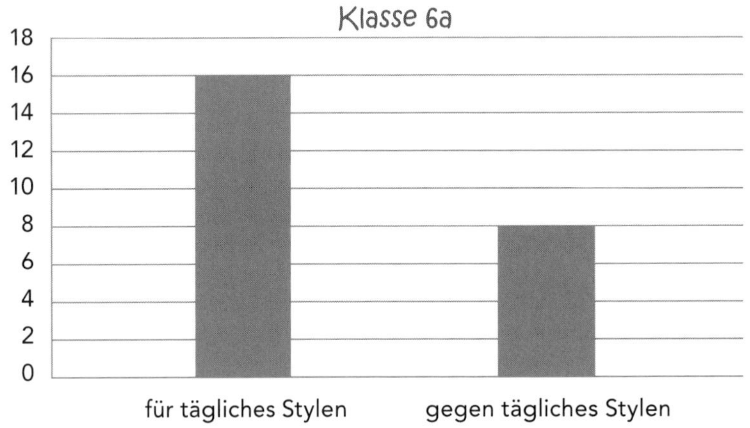

Nun kannst du euer Ergebnis in einem Diagramm noch deutlicher darstellen.

Lege dir zuerst ein Koordinatensystem an:
a) Nimm ein Stück Karopapier.
b) Zeichne darauf eine senkrechte Linie. Sie gibt die Anzahl der Schüler an.
c) Unten an die Linie schreibst du eine Null (0).
Dann nummerierst du die Kästchen an der Linie von unten nach oben durch. Jedes Kästchen steht für einen Schüler.
d) Zeichne von der Null eine waagerechte Linie. Du hast jetzt ein Koordinatensytem erstellt, wie du es in dem Diagramm oben siehst.

Zum Eintragen der Ergebnisse gehst du folgendermaßen vor:
a) Trage die Anzahl der Schüler, die für ein tägliches Stylen sind, rechts neben die senkrechte Linie auf der Höhe der entsprechenden Ziffer mit einem Punkt ein.
b) Ziehe nun mit dem Lineal eine Linie von dem markierten Punkt zur waagerechten Linie.

--> **Tipp:** Damit die Darstellung so deutlich wie in dem oberen Diagramm wird, kannst du dieselbe Linie 2 cm weiter rechts noch einmal ziehen und das Feld zwischen den Linien farbig ausmalen.

c) Schreibe unter das Diagramm, was du dargestellt hast.
d) Mit dem zweiten Ergebnis gehst du ebenso vor.

Texte schreiben

Ein Interview entwickeln – W-Fragen helfen 1/2

Stelle dir vor, du wärst ein Zeitungsreporter auf der Suche nach Neuigkeiten: Du hast heute die Möglichkeit, mit einem Partner ein Interview zu einer berühmten Persönlichkeit zu schreiben. Vielleicht müsst ihr dafür sogar eine kleine Zeitreise unternehmen. Findet mit Hilfe eurer Fragen Neuigkeiten für eure Klasse heraus.

1. Ein guter Journalist stellt viele W-Fragen. Welche W-Fragewörter kennt ihr? Sammelt sie, und schreibe sie auf.

--> Tipp: Vergleicht eure Wörter mit anderen Teams, und ergänzt eure Wörtersammlung.

2. Im Klassenraum liegen Karten zu berühmten Personen aus. Wählt eine davon aus, die euch interessiert und die ihr gerne befragen würdet. Ihr könnt euch auch selbst eine Berühmtheit für euer Interview ausdenken.

3. Was wisst ihr schon über die Person? Schreibt es in einem Brainstorming auf.
4. Falls ihr ein Lexikon, andere hilfreiche Bücher oder sogar Internet in der Klasse besitzt, informiert euch über die Person. Ergänzt euer Brainstorming.
5. Versucht nun, euch in die Person hineinzudenken und zu -fühlen.

--> Tipp: Die ausliegenden Hilfskarten können euch dabei unterstützen.

6. Schreibt Fragen auf, die ihr an die Person habt.
7. Stellt euch nacheinander die Fragen. Findet gemeinsam mögliche passende Antworten, und schreibt sie auf.
8. Lest das Ergebnis des Interviews der Klasse vor.

Ein Interview entwickeln – W-Fragen helfen 2/2

Kopieren Sie die Karten auf Karton, schneiden Sie sie aus, und verteilen Sie sie in der Klasse.

Karten für Rollenfragen

Beschreiben Sie eine Ihnen typische Bewegung.	Wie war Ihre Kindheit?	Welche Fähigkeit mögen Sie an sich selbst am liebsten?	Was denken Sie bei Ihrer Arbeit?	Welches ist Ihr Lieblingskleidungsstück und warum?
Welche Eigenschaften wünschen Sie sich an Menschen?	Wie gehen Sie mit Traurigkeit um?	Was empfinden Sie für Tiere?	Wie empfinden Sie die Aufmerksamkeit, die sie erhalten?	Welche Ziele haben Sie für die Zukunft?

Karten zu „Berühmtheiten"

Robert Pattinson amerikanischer Schauspieler	Juri Gagarin russischer Kosmonaut	Pablo Picasso Maler und Bildhauer	Diego Maradona argentinischer Fußballspieler
Oma oder Opa	Astrid Lindgren schwedische Kinderbuchautorin	Sponge Bob Zeichentrickfigur	Christoph Kolumbus italienischer Seefahrer
Dieter Bohlen Musiker und Produzent	Barack Obama amerikanischer Präsident	Mohammed Prophet, Gründer des Islam	Mutter oder Vater
Lady Gaga amerikanische Sängerin	William Windsor englischer Prinz	Mein Freund oder meine Freundin	Anne Frank Tagebuchautorin

Artenvielfalt?! – Lebewesen auf unserem Schulhof

Kreuzspinne, Kellerassel, Gänseblümchen – welche Tiere und Pflanzen entdeckt ihr auf eurem Schulhof? Stellt diese Lebewesen nach einem Schulhof-Forschergang auf einem Steckbrief-Plakat vor.

1. Lest in den Ideenkisten die Beschreibungskriterien für Tiere und Pflanzen durch.
2. Fallen euch weitere Kriterien ein? Schreibt diese auf.
3. Geht nun in 2er-Gruppen auf euer Schulhofgelände, und sucht nach Tieren oder Pflanzen. Einigt euch in eurer Gruppe auf ein Tier oder eine Pflanze, die ihr mit Hilfe der Kriterien beobachten und beschreiben möchtet.

--> **Tipp:** Lasst Pflanzen und Tiere leben. Ihr könnt zur Anschauung für eure Mitschüler von dem Lebewesen eine Zeichnung anfertigen.

4. Stellt in der Klasse einen Steckbrief zu eurem Lebewesen her.

--> **Tipp:** Eventuell in der Klasse stehende Bestimmungs- oder Biologiebücher können hilfreich sein, um den Namen des Tieres oder der Pflanze herauszufinden.

5. Klebt die Steckbriefe auf ein gemeinsames Plakat. Stellt euch die Lebewesen gegenseitig vor.

Ideen:

Steckbriefkriterien Pflanze
- Name:
- Größe:
- Farbe Blüte:
- Anzahl Blütenblätter:
- Anzahl Kelchblätter:
- Aussehen Früchte und Samen:
- Blattform:
- Standort:
- Besonderheiten:
- ...

Ideen:

Steckbriefkriterien Tiere
- Name:
- Größe:
- Farbe des Körpers:
- Fortbewegung:
- Anzahl der Extremitäten:
- Verhaltensweisen:
- Sinnesorgane:
- Standort:
- Lebensraum:
- ...

Mir ist heute das erste Mal aufgefallen, dass wir sehr viele ... auf dem Schulhof haben.

Glück gehabt!

„Glück gehabt!" – Es gibt viele Momente, in denen Menschen Glück erleben oder spüren.

1. Schreibe in das Kleeblatt Stichwörter zu Situationen auf, in denen du den Ausruf „Glück gehabt!" schon einmal gehört oder selbst gesagt hast.

2. Sammelt in der Klasse eure Glück-Stichwörter an der Tafel.
3. In der Klasse liegen Bilder aus. Passt ein Bild zu den gesammelten Stichwörtern? Wähle ein Foto aus, bei dem du denkst: „Glück gehabt!".
4. Schreibe zu dem Bild eine passende Geschichte.
5. Lies dir deine Geschichte anschließend noch einmal halblaut vor. Überprüfe dabei aufmerksam, ob sie für deine Mitschüler verständlich ist.
6. Wenn du möchtest, lies der Klasse deine Geschichte vor.

Mir gefällt das Ende deiner Geschichte, weil …
Ich habe sofort erkannt, zu welchem Bild du geschrieben hast, als in deiner Geschichte Folgendes passierte: …
Ich habe nicht verstanden, warum …
Deine Geschichte ist gelungen, weil du …

Kopieren Sie diese Bilder 2-mal, schneiden Sie sie aus, kleben sie ggf. auf Pappe, und verteilen Sie sie in der Klasse. Sie können sie auch auf Folie ziehen und mit dem OHP zeigen.

Glück gehabt! 3/3

Kopieren Sie diese Bilder 2-mal, schneiden Sie sie aus, kleben sie ggf. auf Pappe, und verteilen Sie sie in der Klasse. Sie können sie auch auf Folie ziehen und mit dem OHP zeigen.

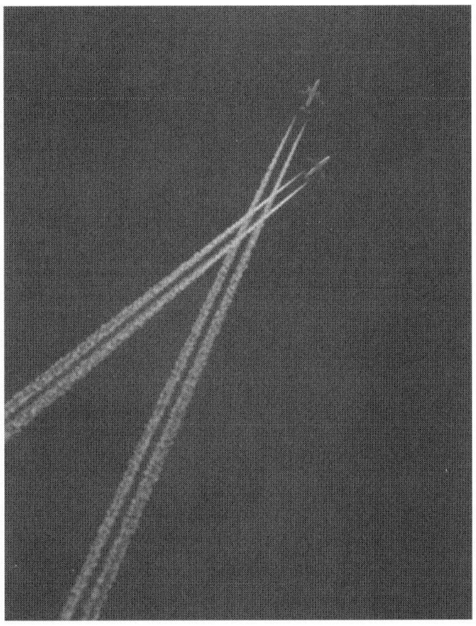

Ein Bild – viele Geschichten 1/2

Ein Bild kann zum Schreiben vieler unterschiedlicher Texte anregen. Probiere es einmal aus.

1. Wähle dir eine in der Klasse ausliegende Schreibaufgabe zu dem Bild aus.
2. Sammle zunächst Stichwörter, die dir zu dem Bild einfallen.

____

____

____

____

____

   Diese Sammlung kann dir beim Schreiben behilflich sein.

3. Schreibe einen passenden Text zum Bild und zu deinem ausgewählten Schreibauftrag.
4. Lies dir deinen Text anschließend noch einmal halblaut vor. Überprüfe dabei aufmerksam, ob für deine Mitschüler alles verständlich ist.
5. Wenn du möchtest, lies der Klasse deinen Text vor.

Mir gefällt deine Idee, dass das Mädchen ...
Dein Schluss ist überraschend, weil ...
Es ist toll, dass du häufig die wörtliche Rede benutzt hast, denn ...
Ich habe nicht verstanden, ...

Kopieren Sie die Karten, und legen Sie sie in der Klasse aus.

Schreibidee 1 Das Mädchen hat vom Eisverkäufer ein riesengroßes Eis erhalten. Schreibe ein Gespräch zwischen dem Eisverkäufer und dem Mädchen auf.	**Schreibidee 2** Das Mädchen ist plötzlich ganz klein geworden, als es von dem Eis probiert hat. Schreibe eine Geschichte darüber, welche Abenteuer das Mädchen als kleiner Mensch erlebt. Schafft sie es, wieder groß zu werden?
Schreibidee 3 Im Sommer ein riesengroßes Eis in den Händen zu halten – wie fühlst du dich dabei, wie schmeckt das Eis, wie sieht es aus, was machst du damit? Schreibe ein Gedicht zu diesem Erlebnis.	**Schreibidee 4** In diesem Eisladen wird ein Eis, sobald es in Kinderhände gelangt, plötzlich riesengroß. Schreibe das Geheimrezept für die Eisherstellung auf.
Schreibidee 5 Du bist in einem Land, in dem alle Süßigkeiten riesengroß sind. Beschreibe eine Klassenfahrt in diesen Staat.	**Schreibidee 6** Während das Mädchen das Eis in den Händen hält, wird es zufällig von einem Fernsehteam gefilmt. Schreibe auf, was die Reporterin während der Fernsehreportage ins Mikrofon spricht.

Ein Akrostichon

Geburtstag ist einmal im Jahr, aber etwas verschenken kannst du jeden Tag. Heute sollt ihr euch gegenseitig glücklich machen. Schenke einem Mitschüler ein von dir verfasstes Gedicht.

--> Tipp: Damit jeder aus eurer Klasse ein Gedicht erhält, ist es sinnvoll, dass ihr eure Namen auf Zettel schreibt und jeder einen Mitschüler zieht, für den das Gedicht geschrieben werden soll.

1. Denke zunächst über den Mitschüler, dessen Namen du gezogen hast, nach. Schreibe in einem Brainstorming positive Eigenschaften zu ihm auf.

2. Stelle diese positiven Eigenschaften in einem Akrostichon dar.

Ein Akrostichon ist ein Gedicht, in dem die Buchstaben eines Wortes untereinander geschrieben werden. In deinem Gedicht ist es der Name deines Mitschülers. Jeder dieser Buchstaben bildet dann den Anfang eines neuen, passenden Wortes oder Satzes zu deinem Mitschüler.

--> Tipp: Hast du zu einem bestimmten Buchstaben des Namens keine Idee? Deine Mitschüler wissen bestimmt ein passendes Wort.

Ideen: Du kannst dich mit deiner Klasse auch darauf einigen, dass ihr nur bestimmte Wortarten verwendet.

3. Gestalte dein Gedicht, und schenke es deinem Mitschüler. Auch du kannst dich jetzt auf ein Gedicht freuen und es genießen.

Beispiel:

K lug
L ächelt mich oft an
A m liebsten isst er Eis
U ltrageschickt
S elbstbewusst

Ich freue mich darüber, dass du an mir ... magst.
Es sind mir zu dir noch diese anderen Wörter eingefallen: ...
Folgendes Bild passt sehr gut zu dem Gedicht ...
Am wichtigsten ist mir an dir: ...
Am meisten habe ich mich über ... gefreut.

Neue Gäste auf der Vogelhochzeit

Die Vogelhochzeit

(Hoffmann von Fallersleben)

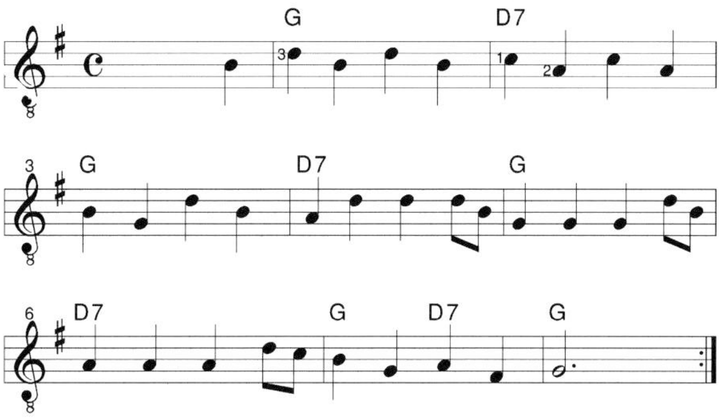

1. Ein Vogel wollte Hochzeit machen
In dem grünen Walde.
Viderallala, viderallala, viderallalala.

2. Die Drossel war der Bräutigam,
die Amsel war die Braute.
Vide …

3. Der Sperber, der Sperber,
der war der Hochzeitswerber.
Vide …

4. Der Stare, der Stare,
der flocht der Braut die Haare.
Vide …

1. Singt gemeinsam die ersten vier Strophen des Liedes „Die Vogelhochzeit".

2. Schreibt in Partnerarbeit weitere Strophen zu dem Lied.

--> Tipps:
- Schreibt alle Vogelnamen auf, die ihr kennt. Ein Vogelbestimmungsbuch oder das Biologiebuch können euch helfen.
- Überlegt gemeinsam, was die Vögel auf einer Hochzeit alles erleben könnten.
- Ihr könnt euch auch Fantasienamen für neue Vogelgäste ausdenken.

3. Schreibt alle Strophen auf eine Folie für den Overheadprojektor oder an die Tafel.

4. Sicherlich sind viele neue Strophen entstanden. Nun kann deine Klasse gemeinsam eine lang dauernde Vogelhochzeit besingen.

Sternzeichen – ein eigenes Horoskop schreiben 1/2

In Zeitungen oder Zeitschriften findet ihr Tages- oder Wochenhoroskope zu eurem Sternzeichen. Heute könnt ihr euer Schicksal selbst in die Hand nehmen und euch ein eigenes Tageshoroskop herstellen, welches einen gelungenen Tag prophezeit.

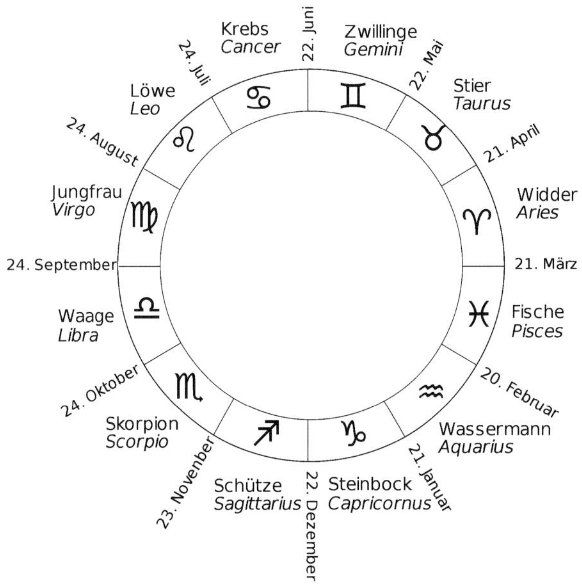

1. Findet euch entsprechend eures jeweiligen Sternzeichens in Gruppen zusammen. Sollte eine Sternzeichengruppe zu groß sein, teilt diese, sodass höchstens vier Schüler zusammenarbeiten.

2. Überlegt in der Gruppe, welche Charaktereigenschaften es bei euch gemeinsam gibt und welche typisch für euer Sternzeichen sind.

--> **Tipp:** Die Sternzeichenkarten helfen euch.

3. Jeder von euch notiert in Stichpunkten, welche Vorhaben und Situationen für den heutigen Tag anstehen bzw. welche Wünsche es für den Tag gibt.

4. Schreibt nun das Tageshoroskop für euer Sternzeichen.

--> **Tipp:** Achtet darauf, dass eure gemeinsamen Charaktereigenschaften und Wünsche für den Tag berücksichtigt werden.

5. Stellt euch in der Klasse gegenseitig die Horoskope vor.

Besonders gelungen ist das Horoskop von der ...-Gruppe, weil ...
Das Horoskop der ...-Gruppe prophezeit einen guten Tag, weil ...
Beim Sternzeichen ... ist für mich eine weitere typische Eigenschaft: ...

Sternzeichen – ein eigenes Horoskop schreiben 2/2

Kopieren Sie diese Karten, schneiden sie sie auseinander, und geben Sie sie den entsprechenden Gruppen.

Widder • Einzelkämpfer • viel Energie und Tatendrang • optimistisch • gute Verlierer • nicht nachtragend	Waage • kontaktfreudig und charmant • fair und höflich • friedlich • harmoniebedürftig • kompromissbereit
Stier • Genießer • sicherheitsliebend • naturverbunden • strebt nach Besitz, tatkräftig • stur und standhaft	Skorpion • kompromisslos • besitzt Forscherdrang • zurückhaltend • fantasievoll • ausdauernd und willensstark
Zwillinge • neugierig • oft zweifelnd • sachlich und verstandesbetont • charmant und kontaktfreudig • redegewandt	Schütze • kontaktfreudig • begeisterungsfähig • rastlos und übermütig • optimistisch und humorvoll • freiheitsliebend
Krebs • emotional, romantisch • handelt instinktiv • hilfsbereit und fürsorglich • ehrgeizig • große Vorstellungskraft	Steinbock • zuverlässig und verantwortungsbewusst • realistisch und gründlich • ehrgeizig und tüchtig • gute Beobachter • konsequent und dickköpfig
Löwe • kreativ und stark • stolz und dominant • erfolgssuchend, Organisationstalent • leidenschaftlich • kreativ und optimistisch	Wassermann • tolerant und wahrheitsliebend • offen und neugierig • freiheitsliebend • einfallsreich und abgehoben • verbirgt Gefühle
Jungfrau • pessimistisch • zurückhaltend und zuverlässig • ernst und empfindlich • sicherheits- und ordnungsliebend • fleißig und sparsam	Fische • hilfsbereit • anpassungsfähig • feinfühlig und verständnisvoll • fantasievoll und intuitiv • kalt und hart bei Feinden

Wäscheleine der Spielideen

„Oma", schreit der Frieder und zupft an Omas Rock. „Oma, du sollst mit mir spielen!"
„Ja lässt du mich gleich los, Bub!", zetert die Oma. „Spielen geht nicht, ich muss erst die Wäsche aufhängen. Eine alte Frau ist doch kein D-Zug, jetzt zerr nicht an mir herum!"
Und damit packt sie den Wäschekorb und die Wäscheklammern und will zur Tür hinaus.
„Oma", schreit der Frieder noch lauter und hält sie am Rock fest, „du sollst aber mit mir spielen. Weil ich es will. Jetzt gleich!"
„Ja wirst du wohl!", ruft Oma und droht mit einer Wäscheklammer. „Was nicht geht, geht nicht, und damit Schluss."
Aber als sie Frieders enttäuschtes Gesicht sieht, da tut's ihr dann doch leid, und sie sagt: „Schau, Bub, jetzt hänge ich die Wäsche auf, und dann spiele ich mit dir, ja? Mensch-ärgere-dich-nicht, ja?"
Und damit schnauft sie, Wäschekorb unterm Arm, zur Tür hinaus.
„Bäh!", schreit der Frieder hinterher. Aber das hört die Oma zum Glück nicht mehr. Da ist sie schon unten im Hof. Und Frieder steht im Flur und ärgert sich."

(Gudrun Mebs: „Mensch-ärgere-dich-nicht" aus „Oma schreit der Frieder".
©2008 Bibliographisches Institut / Sauerländer, Mannheim)

Frieder hat keine Lust, mit seiner Oma Mensch-ärgere-dich-nicht zu spielen. Sammelt in der Klasse Spiele, die Frieder seiner Oma vorschlagen könnte.

1. Beschreibt euch in Partnerarbeit gegenseitig die Spiele, die ihr selbst gerne spielt.
2. Einigt euch auf ein Spiel, das mit Utensilien aus dem Klassenraum ohne große Vorbereitungen gespielt werden kann.
3. Erklärt dieses Spiel auf einem DIN-A5-Blatt.

--> **Tipp:** Merkmale einer Beschreibung findet ihr in der Ideenkiste.

4. Hängt alle beschriebenen Spiele an einer Leine in der Klasse auf, schaut euch dabei auch die Ideen der anderen Teams an. Einigt euch in der Klasse oder in eurer Gruppe auf ein Spiel, das ihr in dieser Stunde spielen könnt.

Ideen:

Merkmale einer Spielbeschreibung:
- Material
- Spieleranzahl
- Regeln:
  Ziel des Spiels · Vorbereitung · Beginn · Spielverlauf · Ende des Spiels
- eventuell Zeichnungen

Die geheime Reisemaschine

Die große, weite Welt lockt, denn du hast eine Maschine, mit der du jeden Ort der Welt und deiner Fantasie besuchen kannst.

1. Schließe deine Augen, und stelle dir in deinem Kopf einen (Fantasie-)Ort vor, zu dem du gerne reisen möchtest.
2. Öffne die Augen, und ergänze die Lücken zu deinem Reiseziel.

   Ich sehe ______________________________
   Ich rieche ______________________________
   Ich höre ______________________________
   Ich schmecke ______________________________
   Ich spüre ______________________________
   Ich erlebe ______________________________

3. Schreibe aus dem Zielort deiner Reise eine Postkarte an deine Klasse.

--> Tipp: Die von dir ergänzten Sätze können dir Anregungen zum Schreiben geben.

4. Schneide die Postkarte aus, und gestalte die Rückseite passend zum Reiseziel.
5. Lege deine Postkarte in der Klasse aus. Lies die bereits ausliegenden Postkarten durch.

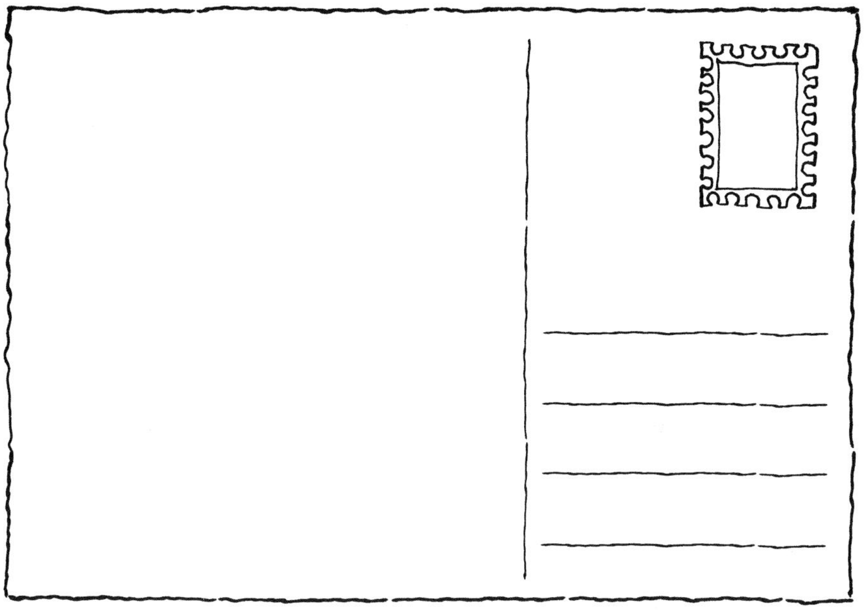

Ein Stufengedicht

Ein Stufengedicht, das zu Beginn nur aus einem Satz mit Subjekt und Prädikat besteht, wird durch Hinzufügen neuer Wörter immer länger.
Wer schafft es, das längste Stufengedicht zu entwickeln?

Beispiel:
Der Nebel schläft.
Der Nebel schläft still.
Der kalte Nebel schläft still.
Der kalte Nebel schläft heute still.
Der kalte Nebel schläft heute Morgen still.
...

1. Bildet 4er-Gruppen.
2. Einigt euch in der Gruppe auf einen Satz, mit dem ihr euer Stufengedicht beginnen wollt.
3. Nun arbeitet jeder für sich allein und fügt in jeder Zeile an beliebiger Stelle ein neues Wort hinzu. Bedingung ist, dass in jeder Zeile ein sinnvoller Satz steht.
4. Wer hat die meisten Stufen aus dem Anfangssatz gebildet? Der Sieger darf der Klasse sein Stufengedicht vorlesen.
5. Gestaltet anschließend eure Gedichte passend zum Thema mit Bildern, schön abgeschrieben, ...
6. Hängt die Gedichte in der Klasse auf, dann kann sie jeder noch einmal bewundern.

Du hast zwar nicht das längste Gedicht, dafür hast du die schönsten Wörter gefunden, wie zum Beispiel ...
Mir gefällt die Zeile Nummer ..., weil ...
Ich bin der Meinung, dass das Wort ... nicht zum restlichen Satz passt, weil ...

Ein Leporello der guten Taten

Wenn ihr anfangt, darüber nachzudenken, fallen euch bestimmt viele kleine oder große guten Taten ein, die ihr heute oder in der letzten Zeit erlebt, die ihr gelesen oder gehört habt.

1. Schreibt diese guten Taten in einem Leporello auf.

   a) Findet euch in einer 4er-Gruppe zusammen.

   b) Sucht gemeinsam nach guten Taten, und schreibt diese in Stichwörtern auf.

--> Tipp: Sicherlich werdet ihr auch in Zeitungen, Zeitschriften, Büchern oder im Internet fündig.

   c) Entscheidet euch für acht gute Taten, die euch am besten gefallen.

   d) Zum Aufschreiben faltet ihr wie auf der Abbildung ein Leporello mit vier Seiten.

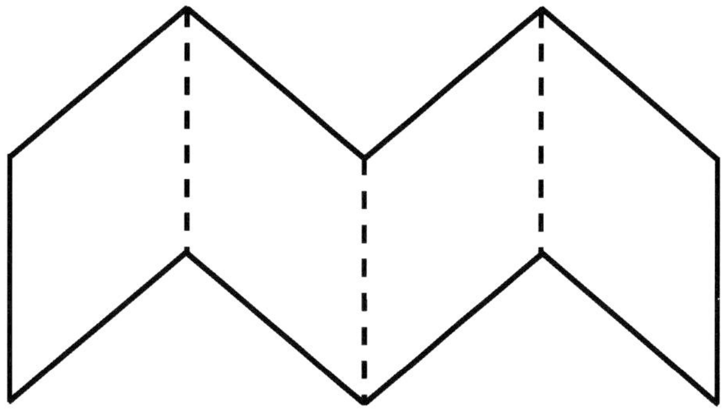

   e) Jeder beschreibt im Leporello zwei gute Taten.

--> Tipp: Jeder schreibt seine guten Taten auf ein Extrablatt mit der Größe einer Seite und klebt diese dann ins Leporello. So können alle gleichzeitig arbeiten.

2. Stellt die guten Taten in der Klasse vor. Ihr könnt auch die Leporellos aneinanderkleben und in der Schule ausstellen. Vielleicht motivieren eure Texte andere Schüler zu weiteren guten Taten.

Ich habe nicht erwartet, dass wir so viele unterschiedliche gute Taten finden werden, denn ...
Das Leporello zeigt mir, dass ...
Am meisten gefällt mir folgende gute Tat: ..., weil...

Jugendliche fragen – du antwortest 1/2

Jugendliche schreiben, wenn sie Sorgen haben und sich niemandem anvertrauen mögen, an Beratungsteams von Zeitschriften oder in Internet-Chats. Welche hilfreiche und aufmunternde Antwort würdest du den Jugendlichen geben?

1. Auf dem folgenden Arbeitsblatt findest du vier Briefe von Jugendlichen. Wähle dir einen Brief aus.
2. Versuche, dich in die Situation und die Gefühle des Briefschreibers zu versetzen. Sammle Ideen und Tipps, die dem Briefschreiber helfen könnten.

Meine Tipps und Ideen

3. Suche dir einen Partner, der denselben Leserbrief beantworten möchte.
4. Tausche dich mit dem Partner über die Ideen und Tipps aus. Wenn du in dem Gespräch neue Anregungen erhalten hast, ergänze sie in deinem Brainstorming.
5. Schreibe nun einen Antwortbrief.

--> **Tipp:** Die Anregungen aus der Ideenkiste helfen dir.

6. Lies deinem Partner deinen Brief vor. Hat er dafür Lob oder weitere Tipps, die du anschließend einarbeiten kannst?
7. Wenn du möchtest, lies der Klasse deinen Brief vor. Vergleiche dann deine Antwort mit den Antworten anderer Mitschüler.

Ideen:

Merkmale für einen Ratgeber-Brief
- Sprich den Empfänger mit Namen an.
- Versuche, Vertrauen aufzubauen.
- Zeige deine Standpunkte auf, was richtig ist.
- Gib dem Empfänger Tipps, wie er mit dem Problem umgehen soll.
- Äußere Mut für die Zukunft.

Jugendliche fragen – du antwortest 2/2

Mein Mitschüler schlägt mich!

Liebes Jugendjournal-Team,
ich habe einen Mitschüler, der mich immer wieder auf den Arm boxt oder mir einen Schlag an den Hinterkopf gibt. Bei einigen Mitschülerinnen verhält er sich ebenso, leider sagen die dann nichts, weil sie Angst vor ihm haben. Ich habe ihn auch schon gefragt, warum er das immer macht, da hat er nur geantwortet: „Das ist doch nur Spaß!". Ich möchte aber, dass er damit aufhört. Was kann ich tun?

Bea (11 Jahre)

Meine Mutter bevorzugt meinen großen Bruder!

Hallo Jugendjournal-Team,
ich finde meine Mutter richtig ungerecht! Immer bevorzugt sie meinen großen Bruder, der 16 Jahre alt ist. Er darf immer länger wegbleiben als ich, und außerdem bekommt er viel mehr Taschengeld. Wenn ich meine Mutter darauf anspreche, nimmt sie mich in den Arm und nennt mich „Ihren kleinen Hasi" und sagt „Du bist doch noch viel zu jung". Das passt mir überhaupt nicht. Ich habe das Gefühl, sie nimmt mich gar nicht ernst. Mein großer Bruder hingegen darf ihr schon beim Aufbauen der neuen Regale helfen und sieht auch schon gemeinsam mit meinen Eltern Sendungen, für die ich angeblich noch zu klein bin.

Tom (10 Jahre)

Zuhören? Das kann meine Freundin gar nicht!

Liebes Berater-Team,
ich mag meine Freundin sehr gerne, weil wir immer viel zusammen unternehmen und Spaß haben. Allerdings macht mich eine Sache ziemlich traurig: Immer, wenn wir uns treffen, redet sie ununterbrochen. Sie erzählt dann auch oft langweilige Geschichten von Menschen, die ich nicht kenne, oder Filmen und Erlebnissen, bei denen ich nicht dabei war. Wenn ich ihr etwas von mir erzählen will, fällt sie mir gleich ins Wort. Auch Probleme werde ich bei ihr nicht los, dann erzählt sie gleich von sich in ähnlichen Situationen. Ich traue mich aber nicht, sie darauf anzusprechen, weil ich Angst habe, sie zu verlieren.
Wie soll ich mich verhalten?

Melek (12 Jahre)

Hilfe, mein Freund lügt!

Liebes Chat-Team,
ich bin jetzt mit meinem Freund drei Wochen zusammen. Neulich war ich mit ihm das erste Mal im Kino. Seitdem erzählt er überall herum, dass wir uns dort das erste Mal geküsst haben. Das ist aber eine absolute Lüge, und es ist mir vor den anderen sehr peinlich! Ich bin jetzt sehr enttäuscht und habe gar kein Vertrauen mehr zu ihm. Ich habe schon mit einer Freundin darüber geredet. Sie riet mir, mich von ihm zu trennen, aber ich liebe ihn doch!

Caroline (11 Jahre)

„Kindsein ist süß?"

Susanne Kilian versucht in ihrem Gedicht, die Frage der Überschrift zu beantworten.

1. Lies das Gedicht. Beschreibe am Ende mit einem Wort, wie du eine Kindheit mit diesen Sätzen und Befehlen der Erwachsenen empfindest.

Kindsein ist süß?

Tu dies! Tu das!
Und dieses lass!
Beeil dich doch!
Heb die Füße hoch!
Sitz nicht so krumm!
Mein Gott, bist du dumm!
Stopf's nicht in dich rein!
Lass das Singen sein!
Du kannst dich nur mopsen!
Hör auf zu hopsen!
Du machst mich verrückt!
Nie wird sich gebückt!
Schon wieder 'ne Vier!
Hol doch endlich Bier!
Sau dich nicht so ein!
Das schaffst du allein!
Mach dich nicht so breit!
Hab jetzt keine Zeit!
Lass das Geklecker!
Fall mir nicht auf den Wecker!
Mach die Tür leise zu!
Lass mich in Ruh'!
Kindsein ist süß?
Kindsein ist ____________________

(©Susanne Kilian, Eltville)

2. Vergleiche dein gefundenes Wort mit dem eines Partners, und begründe deine Entscheidung.

3. Wie sieht deiner Meinung nach eine tolle, „süße" Kindheit aus? Sammle in einem Brainstorming Äußerungen von Erwachsenen, die dir guttun. Tausche dich mit einem oder mehreren Mitschülern darüber aus, und ergänze deine Liste.

4. Schreibe mit Hilfe deiner gesammelten Äußerungen ein Gegensatzgedicht, in dem eine süße Kindheit beschrieben wird.

--> **Tipp:** Es kann dir helfen, zu einigen Zeilen des Gedichtes von Susanne Kilian gegensätzliche Äußerungen zu finden.

5. Wenn du möchtest, trage deinen Mitschülern dein Gedicht vor.

Mir ist aufgefallen, dass viele von uns den Satz … oft hören und als angenehm empfinden.

Darstellendes Spiel

Pantomime

Die Pantomime ist eine sehr alte Form des Theaterspielens. Pantomimen, so werden die Pantomime-Darsteller genannt, sprechen bei ihren Darbietungen nicht. Sie benutzen nur ihren Körper, um etwas darzustellen.

„Am Abend wird der Faule fleißig" – vielleicht kennst du dieses Sprichwort? Auf dich trifft es jedoch nicht zu, denn du kannst jetzt schon fleißig sein: Probiere aus, ob ein Sprichwörter-Pantomime in dir steckt. Mit den passenden Ideen und ein wenig Übung kannst du deine Mimik, das heißt deinen Gesichtsausdruck, und deine Gestik, das sind deine Bewegungen, so weit bringen, dass deine Mitschüler erraten können, welches Sprichwort du darstellst.

1. In der Klasse liegen Sprichwortkarten aus. Wähle dir für die Pantomime eine aus. Du kannst auch ein anderes Sprichwort verwenden, das in deiner Familie oft gesagt wird.

Mein ausgewähltes Sprichwort:

____

2. Notiere in eigenen Worten die Bedeutung des Sprichwortes.

Die Bedeutung meines Sprichwortes:

____

____

3. Unterstreiche im Sprichwort und in deiner Deutung die Wörter, die für die Pantomime wichtig sind.

4. Trage die unterstrichenen Wörter in die Tabelle ein. Überlege dir zu den Wörtern die passende Gestik und Mimik.

Meine unterstrichenen Wörter	Darstellungsmöglichkeit mit meiner Mimik	Darstellungsmöglichkeit mit meiner Gestik

5. Stelle dein Sprichwort mit Hilfe deiner erarbeiteten Tabelle dar.

Kopieren Sie die Sprichwortkarten, schneiden Sie sie aus, und legen Sie sie in der Klasse bereit.

Abwarten und Tee trinken	Wenn die Katze aus dem Haus ist, tanzen die Mäuse auf dem Tisch.	Stille Wasser sind tief.
Reden ist Silber, Schweigen ist Gold.	Pech im Spiel – Glück in der Liebe.	Ohne Fleiß kein Preis.
Nach dem Essen sollst du ruh'n oder tausend Schritte tun.	Auch ein blindes Huhn findet mal ein Korn.	Messer, Gabel, Schere, Licht sind für kleine Kinder nicht!
Man soll den Tag nicht vor dem Abend loben.	Lügen haben kurze Beine.	Liebe macht blind.
Alles Gute kommt von oben.	Kleinvieh macht auch Mist.	Was sich neckt, das liebt sich.
Jeder ist seines Glückes Schmied.	Ein Unglück kommt selten allein.	Einmal ist keinmal.
Einem geschenkten Gaul schaut man nicht ins Maul.	Du siehst den Wald vor lauter Bäumen nicht.	Die Zeit heilt alle Wunden.
Der Klügere gibt nach.	Der frühe Vogel fängt den Wurm.	Besser den Spatz in der Hand als die Taube auf dem Dach.
Auf jeden Regen folgt ein Sonnenschein.	Hunde, die bellen, beißen nicht.	In der Ruhe liegt die Kraft.

Lügen haben kurze Beine!?

Können dir deine Mitschüler an der Nasenspitze ansehen, ob du die Wahrheit sagst oder lügst? Probiere es aus.

1. Schreibe vier Aussagen über dich auf einen Zettel. Drei Aussagen sind wahr, eine ist gelogen.
2. Überlege dir, wie du deine Aussagen der Klasse vortragen möchtest, sodass es deinen Mitschülern schwerfällt, die Lüge herauszufinden. Schreibe dazu auf, welche Gestik (Körperhaltung, Hände usw.) und welche Mimik (Gesichtsausdruck) dich verraten könnten.
3. Trage deine Aussagen der Klasse vor. Achte dabei auf deine Gestik und Mimik. Nun sind deine Mitschüler an der Reihe, die Lüge herauszufinden.
4. Wer die Lüge entdeckt hat, darf seine Aussagen als Nächstes vortragen.
5. Sammelt in der Klasse Stichpunkte zur Gestik und Mimik, die euch Lügen und Wahrheiten verraten haben. Tragt diese in unterschiedlichen Farben in den Körperumriss ein: Schreibt alles, was die Wahrheit anzeigt, mit rot in den Umriss, mit schwarz außen herum das, was Lügen verrät.

Verkäufer gesucht 1/2

Verkäufer/Verkäuferin gesucht
Wenn Sie Freude daran haben, unsere Waren anzupreisen und zu verkaufen, sind Sie bei uns richtig. Stellen Sie Ihre verkäuferischen Fähigkeiten in unserem Laden vor.

Lehmanns Kaufmannsladen
Marktstraße 22 in Handelshausen

Stelle dir vor, du willst dich als Verkäufer auf die obige Anzeige bewerben. Du bist zum Bewerbungsgespräch eingeladen und musst deine Fähigkeiten zeigen, Waren zu verkaufen. Der Besitzer des Ladens, der Kaufmann Herr Lehmann, bittet dich deshalb, das Gedicht „Beim Kaufmann" von James Krüss wie ein richtiger Verkäufer vorzutragen.

1. Lies das Gedicht durch. Markiere beim Lesen mit unterschiedlichen Farben die unterschiedlichen Rollen, die in dem Gedicht vorkommen.
2. Suche dir einen Partner. Teilt euch die Rollen untereinander auf.
3. Übt gemeinsam den Vortrag des Gedichtes, damit ihr wie ein richtiger Verkäufer klingt. Die Ideenkiste „Textvortrag" gibt euch Hilfestellung.

Ideen:

Textvortrag
- Lies den Text zum Kennenlernen und Verstehen mehrmals leise.
- Höre dir beim halblauten Vorlesen zu, und verbessere dich selbst.
- Lies den Text möglichst nicht vom Blatt ab.
- Bereite den Text mit Betonungszeichen vor:
  - | Pause
  - ↓ Satzende, Stimme nach unten
  - • Wort betonen
  - ••• schnell sprechen
- Notiere in Stichwörtern, wie etwas gesprochen werden soll (z.B. „langsam", „laut", „fröhlich"...).

James Krüss

Beim Kaufmann

Marmelade, Schokolade
kaufen Sie bei mir!
Groben Zucker, feinen Zucker,
alles gibt es hier!

Weiße Knöpfe, schwarze Knöpfe,
Bänder für die Schuh',
Garn und Faden,
gibt's im Laden,
greifen Sie nur zu!

Vogelfutter, Markenbutter,
Mehl und Fett und Grieß,
große Gurken, kleine Gurken,
sauer oder süß!

Tag, Herr Seemann!
Tag, Herr Lehmann!
Womit kann ich dienen?
Meine Eier sind nicht teuer,
die empfehl' ich Ihnen!

Grüne Seife, gelbe Seife,
Ata und Persil!
Kommen Sie und kaufen Sie!
Er kostet gar nicht viel.

Geben Sie mir diese Wurst hier
und ein Viertel Quark!
Gern geschehen, Handumdrehen,
kostet eine Mark!

4. Zeigt, dass ein Verkäufer in euch steckt:
Tragt der Klasse das Gedicht überzeugend vor.

Ideen:

Ihr könnt z.B. das Gedicht auch pantomimisch darstellen oder ein ähnliches Gedicht schreiben und dann diese gleichzeitig auf einem Marktplatz sprechen.

Gegenstände darstellen – eine Pantomimekette

Mit Gegenständen könnt ihr die unterschiedlichsten Sachen anstellen. Stellt dies in einer Gruppe pantomimisch dar, sodass die Mitschüler den Gegenstand erraten können.

1. Bildet 4er-Gruppen.
2. Wählt euch einen Gegenstand aus, den ihr mit eurer Gruppe darstellen wollt. In der Ideenkiste findet ihr Anregungen.

Ideen:

- Uhr
- Jacke
- Luftballon
- Eimer
- Schrank
- Auto
- Taschentuch
- Tisch
- Waschmaschine
- Kaugummi
- ...

3. Schreibt euren ausgewählten Gegenstand auf.
4. Überlegt gemeinsam vier Ideen, wie ihr euch mit diesem Gegenstand beschäftigen könnt, und tragt sie in dem Schaubild ein.

1. Idee:		2. Idee:
	Unser Gegenstand:	
3. Idee:		4. Idee:

5. Jeder in der Gruppe übt nun, seine Handlung mit dem Gegenstand pantomimisch darzustellen.
   Die anderen Gruppenmitglieder geben Tipps und nennen weitere Darstellungsmöglichkeiten.
6. Stellt der Klasse den Gegenstand vor.
   Können eure Mitschüler erraten, um was es sich handelt?

Die Stunde des Gegenteils

Kennst du das: Jemand möchte etwas von dir, und plötzlich bekommst du große Lust, genau das Gegenteil zu machen? In dieser Stunde kannst du diesem Verlangen ohne Bedenken nachgeben.

1. Suche dir einen Partner.
2. Entwickelt gemeinsam Aufforderungen, zu denen alle Schüler genau das Gegenteil durchführen können.
3. Schreibt die Aufforderungen auf einzelne Karten.

--> **Tipp:** Achtet darauf, dass ihr eure Aufforderung klar formuliert und somit ein eindeutiges Gegenteil schnell auszuführen ist.

Ideen:

- Du sitzt lachend auf einem Stuhl.
- Ein junger Mann geht auf der Straße.
- Eine Frau schimpft mit ihrem Hund.
- Du freust dich über eine Eins in der Arbeit.
- Du fährst mit dem Fahrrad sicher auf einem engen Weg.
- Du gibst einem Mitschüler nichts von deinem Eis ab.
- Ein Reiter springt mit seinem Pferd sicher über ein Hindernis.
- Du gehst lässig durch eine dunkle, unheimliche Straße.
- …

4. Sammelt alle Karten in einem Topf.
5. Räumt Tische und Stühle zur Seite, und stellt euch durcheinander im Klassenraum auf.
6. Eure Lehrkraft gibt ein akustisches Signal und liest eine Aufforderung vor.
7. Alle Schüler führen nun so schnell wie möglich genau das Gegenteil aus.

Ich hatte Schwierigkeiten, das Gegenteil von … darzustellen.
Mir hat es beim Darstellen geholfen, dass …
Am besten gefiel mir, als du … dargestellt hast, weil ….

Ist das peinlich!? 1/2

In einem Internetforum haben Jugendliche peinliche Situationen geschildert, die sie selbst erlebt haben: Vier dieser Situationen findet ihr auf dem folgenden Arbeitsblatt. Könntet ihr euch vorstellen, dass es eine rettende Lösung gibt, die aus der peinlichen Situation zu einem guten Ende führt?

1. Lies die Situationskarten. Entscheide dich für einen Fall, den du am liebsten verändern möchtest.
2. Bildet Gruppen entsprechend der Situation, die ihr nachspielen möchtet.

--> **Tipp:** Habt ihr selbst etwas Peinliches erlebt oder beobachtet? Erzählt es euch in der Gruppe. Wenn alle einverstanden sind, könnt ihr auch eine der selbsterlebten Situationen nachspielen.

3. Markiert auf eurer ausgewählten Situationskarte die verschiedenen Rollen mit unterschiedlichen Farben. Teilt die Rollen in der Gruppe auf.
4. Damit ihr euch besser in die Rolle einfühlen könnt, notiert jeder die Gefühle, die diese Person in der Situation haben könnte.
5. Spielt die Szene nach.

--> **Tipp:** Beobachtet euch gegenseitig. Die Beobachtungsfragen in der Ideenkiste helfen euch dabei.

Ideen:

- Passt das Verhalten der einzelnen Personen zur Situation?
- Wirkt das gespielte Verhalten realistisch?
- Stelle ich das Gefühl, das die Person haben müsste, deutlich dar?

6. Findet am Ende der dargestellten Szene einen Schluss, der die Situation nicht mehr peinlich sein lässt.
7. Stellt der Klasse eure Situation vor.

Beim Zusehen spürte ich folgendes Gefühl der Person ...
Ich habe nicht verstanden, warum ...
Mir gefällt euer Schluss, weil ...
Mir ist Ähnliches passiert, allerdings ...

Ist das peinlich!? 2/2

von mojo _ 123:

Ich war letzte Woche mit drei Freundinnen in einem Café. Weil die Sonne schien, saßen wir vor dem Haus an einem Tisch. Ich musste kurz auf die Toilette, und als ich zurückkam, ist es passiert: Ich bin mit einem lauten Knall gegen die Scheibe gelaufen, die sich direkt neben der Glastür befand. Meine Freundinnen und alle anderen Gäste haben sich halb tot gelacht. Mir war das unglaublich peinlich!

von superlukas:

Auf unserer letzten Klassenfahrt wollten wir Jungs aus unserem Zimmer einem anderen Jungenzimmer einen Streich spielen: Wir gingen nachts los, um die Typen, während sie schliefen, im Gesicht mit Rasierschaum einzucremen. Ich war gerade dabei, den Schaum auf einem Gesicht zu verteilen, als auf einmal das Licht anging. Da merkte ich, dass ich gerade dabei war, dem tollsten Mädchen der Klasse über das Gesicht zu streichen. Sie war ganz weiß auf den Wangen, und ich bekam vor Scham ein rotes Gesicht!

von bella99:

Ich bin mit dem Hund meiner Nachbarin spazieren gegangen. Plötzlich sah ich meinen Schwarm auf der anderen Straßenseite mit zwei Freunden stehen. Ich war so überrascht, dass ich leider gar nicht mehr auf meinen Weg geachtet habe. Und nun passierte etwas sehr Peinliches: Ich bin vor seinen Augen gegen einen Laternenfahl gelaufen. Da der Hund bellte und es außerdem ein lautes Geräusch gab, als mein Kopf gegen das Metall schlug, drehte er seinen Kopf in meine Richtung und sah natürlich, was passiert war. Ich wäre am liebsten im Erdboden versunken.

von Lucie-sky.100:

Gestern war ich mit zwei Mitschülerinnen nach Schulschluss auf dem Weg nach Hause. Auf einmal erkannte ich den bunten Pullover meiner besten Freundin. Ich lief zu ihr und umarmte sie ganz fest von hinten. Die Person drehte sich um – es war die neue Englischlehrerin an unserer Schule! Mit dabei waren noch drei andere Lehrer von mir, die das alles mit ansahen. Ich habe nur Blödsinn geredet und bin so schnell wie möglich verschwunden.

Witzig, witzig! 1/3

„Nichts in der Welt ist so ansteckend wie Lachen und gute Laune."

Was schon der englische Schriftsteller Charles Dickens vor ca. 150 Jahren wusste, könnt ihr in dieser Stunde erfahren, indem ihr der Klasse Witze vorspielt.

1. In der Klasse liegen mehrere Witze aus. Jeder liest leise für sich die Texte durch und merkt sich den Witz, bei dem er am meisten gelacht hat.
2. Stellt euch in kleinen Gruppen (vier bis sechs Mitglieder) die lustigsten Texte vor.
3. Einigt euch auf einen Witz, den ihr am Ende der Stunde der Klasse vorspielen wollt.

--> **Tipp:** Kennt ihr einen eigenen Witz, der für eine Szene passend ist? Dann könnt ihr auch diesen verwenden.

4. Teilt die Rollen auf, und besprecht gemeinsam die folgenden Fragen.
   - Was müssen wir darstellen und sagen, damit unsere Mitschüler den Witz verstehen?
   - Wo spielt der Witz?
   - Welche Utensilien benötigen wir?
   - Wer spricht?
   - Wie sollen die einzelnen Sätze betont werden?
   - Welche passende Mimik (das ist der Gesichtsausdruck) und Gestik (das sind Bewegungen und Körperhaltungen) wollen wir einsetzen?
5. Übt das Vorspielen des Witzes.

--> **Tipp:** Beobachtet, lobt und verbessert euch dabei gegenseitig.

6. Spielt der Klasse den Witz vor.

Obwohl ich den Witz bereits kannte, musste ich bei eurer Vorstellung lachen, weil ...
Deine Mimik passte gut zu dem Wort ..., weil ...

Der Vater liest am Bett Märchen vor, damit der Sohn einschläft. Eine halbe Stunde später öffnet die Mutter leise die Tür und fragt: „Ist er endlich eingeschlafen?" Antwortet der Sohn: „Ja, endlich."

Der kleine Sohn kommt weinend zur Mutter: „Papi hat sich mit dem Hammer auf den Daumen geschlagen!" Die Mutter antwortet erstaunt: „Deshalb brauchst du doch nicht zu weinen!" Der Sohn heult: „Erst habe ich ja auch noch gelacht!"

Der Lehrer sagt zu der Klasse: „Ich werde euch jetzt jeden Montag früh eine Frage stellen, und wer sie richtig beantwortet, der hat bis nächste Woche frei." Am nächsten Montag früh fängt er sofort damit an. Er fragt: „Wieviel Liter Wasser hat das Mittelmeer?" Keiner weiß es. Die Woche darauf stellt er folgende Frage: „Wieviele Sandkörner hat die Sahara?" Wieder weiß es keiner. Am darauf folgenden Montag legt Anna einen Euro auf das Lehrerpult. Als der Lehrer reinkommt und ihn entdeckt, fragt er: „Wem gehört dieser Euro?" Anna steht auf, nimmt dem Lehrer das Geld aus der Hand, geht zur Tür und sagt: „Mir! Und tschüss bis nächste Woche!"

Hannes' Klasse schreibt einen Aufsatz. Die Lehrerin geht herum und schaut bei jedem über die Schulter. Bei Hannes bleibt sie stehen und fragt: „Warum schreibst du denn so schnell?" Hannes antwortet: „Ich muss mich beeilen, meine Tinte ist gleich alle!"

Am Tisch stellt der Sohn dem Vater verschiedene Fragen, die alle anfangen mit: „Papa, warum..." Immer antwortet der Vater: „Weiß ich nicht, mein Sohn." Nach fünf Minuten sagt die Mutter zum Sohn: „Frag Papi doch nicht immer solches Zeug!" Daraufhin sagt der Vater: „Lass ihn doch, sonst lernt er ja nix ..."

Die Lehrerin sagt zu den Kindern: „Eure Namen sind mir zu lang, ich kürze sie ab jetzt einfach ab. Tomas heißt Tom, Annemarie heißt Anne, ..." Plötzlich rennt ein Mädchen weinend hinaus. Die Lehrerin fragt die Banknachbarin: „Was ist denn los?". Diese antwortet: „Ich weiß auch nicht, was Klothilde hat."

Witzig, witzig! 3/3

Fritz fragt den Lehrer: ,,Kann man eigentlich bestraft werden, wenn man nichts gemacht hat?'' ,,Natürlich nicht!'', entgegnet dieser. ,,Prima'', meint Fritz, ,,ich hab nämlich meine Hausaufgaben nicht gemacht!''

Tanja flüstert Susi im Unterricht zu: „Die neue Lehrerin ist ja eine ganz schöne Ziege! Nicht wahr?"
Sagt die Lehrerin: „Tanja, halt den Mund, das weiß Susi bestimmt selbst!"

Sagt der Arzt zum Patienten: „Warum rennen Sie aus dem Operationssaal hinaus?" Der Patient antwortet: „Die Schwester hat gesagt: ‚Regen Sie sich nicht so auf, es ist nur eine einfache Blinddarmoperation. Sie werden es schon schaffen.'" Der Arzt antwortet: „Und was ist daran so schlimm?"Der Patient erwidert: „Sie hat es nicht zu mir gesagt, sondern zu dem Chirurgen."

Thomas geht mit seinem Vati im Wald spazieren. „Hörst du das Klopfen?", fragt der Vater. „Das ist ein Specht!" „Warum klopft der denn?", will Thomas wissen. „Er frisst Würmer, die unter der Baumrinde sitzen", erklärt der Vater. „Aber", fragt Thomas erstaunt, „warum machen die Würmer denn auf, wenn der Specht klopft?"

Die Lehrerin fragt Anna: „Wie viel ist 3 mal 3?" Antwortet Anna: „9!" „Richtig", meint die Lehrerin, „dafür bekommst du 9 Erdbeeren aus meinem Garten." Wieder am Platz meint Anna zu ihrer Nachbarin: „Wenn ich das gewusst hätte, hätte ich mehr gesagt."

Kommt ein Mann in die Bibliothek und sagt: „Ich will einen Hubschrauber basteln, weiß aber nicht wie. Haben Sie ein Buch, in dem alles erklärt wird?" Der Angestellte nimmt ein Buch aus dem Regal und antwortet: „Mit diesem Buch ist Ihre Arbeit schon halb getan!" Darauf erwidert der Mann: „Ok, dann nehme ich gleich zwei!"

Das Fingerspiel

Zu Hause, im Kindergarten oder in der Grundschule – vielleicht habt ihr das ein oder andere Fingerspiel als kleines Kind gerne gesehen und nach Anleitung durchgeführt.
Jetzt seid ihr größer und könnt eure Finger selber sprechen lassen sowie euch passende Bewegungen dazu ausdenken.

1. Findet euch in 4er-Gruppen zusammen.
2. Jeder malt mindestens auf einen Finger ein Gesicht.
3. Überlegt gemeinsam, welche Eigenschaften zu diesen Gesichtern passen.
4. Entwickelt eine Szene, in der alle Fingerpersonen entsprechend ihrer Eigenschaften mitspielen.
   Die Ideenkiste gibt euch Anregungen zum Ort, zu möglichen Themen und zu Spielmethoden.

Ideen:

Orte	Themen	Spielmethoden
• in der Schule	• ein Streit	• in Reimform sprechen
• im Wilden Westen	• eine Liebesgeschichte	• Texte singen
• im Weltall	• Gefahr und Angst	• Robotersprache
• im Wald	• verlieren und wiederfinden	• Geräusche entwickeln
• beim Einkaufen	• gemeinsam sind wir stark	
• beim Arzt		

5. Die Tischkante ist die Bühne: Spielt eure Szene mit den Fingern.
6. Gestaltet auf Karton eine Kulisse passend zu der Szene. Befestigt sie an einem Stock oder am Tisch.
7. Ladet Mitschüler zu eurer Aufführung ein.

Ich wundere mich, wie viele unterschiedliche Charaktere wir nur mit unseren Fingern darstellen können. Am meisten gefällt mir: …
An eurer Szene gefällt mir, dass …
Das Aussehen der Fingerpersonen passte sehr gut zu eurer Szene, weil …

Stehgreifspiele – wie sag' ich es?

„Sprich laut und deutlich" – das ist eine Äußerung, die ihr sicherlich schon einmal gehört habt. Doch reicht dieser gut gemeinte Tipp aus?

1. Sprecht euch in Partnerarbeit abwechselnd die folgenden Sätze mit einer jeweils unterschiedlichen Ausdrucksweise und Lautstärke vor:

   „Ich habe dir gestern gesagt, dass ich dich besuche."
   „Die Butter steht auf dem Tisch."
   „Damit habe ich nicht gerechnet."

   In der Ideenkiste findet ihr Anregungen, wie ihr die Sätze gefühlsmäßig unterschiedlich sprechen könnt.

Ideen:

- wütend
- ängstlich
- lachend
- schüchtern
- geheimnisvoll
- unsicher
- befehlend
- verliebt
- …

2. Schildert euch gegenseitig, wie ihr die Sätze in den unterschiedlichen Ausdrucksweisen wahrgenommen habt.

3. Erprobt eure gewonnenen Erfahrungen zur Sprache bei der Darstellung von Szenen. Wählt euch dazu eine Szene aus, und übt die Situation in einer Gruppe ein.

Szenen

- Du stehst im Schwimmbad auf dem 10-Meter-Brett und traust dich nicht, zu springen. Unten stehen deine Freunde und feuern dich an.
- Eine Familie steht in einem Fahrstuhl, der plötzlich stecken bleibt. Der Sohn ruft nach Hilfe. Die Mutter, die Angst vor Fahrstühlen hat, macht der Familie Vorwürfe, dass sie nicht die Treppe genommen haben.
- Du gehst nachts mit einer Freundin und einem Freund durch einen einsamen Wald. Plötzlich hört ihr ein Rascheln. In einem Gespräch überlegt ihr, was das zu bedeuten hat.
- Drei Jungen beobachten einen Überfall in einem Supermarkt. Sie überlegen gemeinsam, was sie tun wollen.
- Du stehst mit deiner Freundin an einem Wasserfall und möchtest ihr dort einen romantischen Heiratsantrag machen. Doch leider kann sie dich nicht verstehen, weil das Rauschen des Wassers so laut ist.

4. Stellt eure Szene der Klasse vor. Sprecht darüber, wie eure Mitschüler eure Lautstärke und Ausdrucksweise der Stimme wahrnehmen.

Im Zoo kannst du was erleben!

Mustafa Haikal:

Der Piff! Paff!-Elefant

„Piff! Paff", maulte der Elefant und war schon wieder zwei Zentimeter kleiner. Zwei Zentimeter sind bei einem Elefanten nicht viel, vor allem bei einem so großen Elefanten wie dem Piff! Paff!-Elefanten. Der war überhaupt das größte Tier im Zoo, noch vor den Flusspferden und weit vor den Krokodilen. Nur – dass er immer kleiner wurde, jeden Tag ein Stück. Erst fiel das gar nicht auf. Niemand rechnete damit. Doch der Zoodirektor hatte so ein Gefühl. Auch die Flusspferde wunderten sich. War der Elefant etwa krank? So ein riesiger Elefant und auf einmal das?
„Piff! Paff!", maulte der Elefant und konnte es kaum fassen. „Nanu", flüsterten die Nilpferde und verschwanden im Wasser. Bald wurde das Elefantenhaus zu groß. Da zog der Elefant um. Erst zu drei Eseln. Dann zu den Ziegen. Selbst dort blieb er nicht lange. Zum Schluss schrieb der Zoodirektor ein Schild. Darauf stand: „Zwergelefant. Bitte nicht füttern!"
Wer hätte das gedacht!

Ihr seid extra in den Zoo gekommen, um den Zwergelefanten zu bestaunen. Wie könnte der Besuch ablaufen?

1. Teilt die Klasse in vier Gruppen auf:

a) Zwei Gruppen entwickeln eine Szene, in der ihr euch über den Elefanten unterhaltet.

b) Zwei Gruppen entwickeln eine Szene, in der die Besucher am Gehege von einem anderen Zoo berichten, in dem eine Maus plötzlich riesengroß geworden ist.

--> Tipp: Die Anregungen in der Ideenkiste helfen euch.

Ideen:

- Welche Empfindungen habt ihr für die Riesenmaus / den Zwergelefanten?
- Was würdet ihr mit der Maus / mit dem Elefanten unternehmen?
- Wie sieht das Leben der Maus / des Elefanten aus?
- Was könnte der Maus / dem Elefanten passieren?
- Welches Tier gefällt euch mehr? Begründet eure Entscheidung.

2. Die Besucher jeweils einer Gruppe treffen sich am Gehege und unterhalten sich. Spielt nun diese Szene nach. Achtet dabei darauf, was die andere Gruppe erzählt, und passt eure Szene dem Gespräch an.

Mit Ideen einer „Spiele"-Sammlung könnt ihr eine Stunde spielen. Dabei seid ihr sogar die Spielführer!

1. Bildet vier Gruppen.
   Einigt euch darauf, welche Gruppe welches Spiel bekommt.
2. Lest in der Gruppe die Anleitung des Spiels, und führt es mit allen durch. Ihr seid für euer Spiel verantwortlich.
   Das bedeutet, dass ihr am Anfang den anderen Gruppen das Spiel erklärt, dann auf die richtige Durchführung achtet und eventuell wichtige Anweisungen gebt.

Spiel 1: Was wir erleben!

a) Alle Schüler gehen durch den Raum.

b) Ein Schüler aus der Spielführergruppe beginnt, eine Situation zu spielen, z.B. feuert er als Zuschauer eine Fußballmannschaft an.

c) Alle anderen Schüler spielen diese Situation mit und müssen dabei aber auch die Spielführergruppe beobachten, weil diese immer wieder neue Situationen beginnen.

--> **Tipp:** Überlegt euch vor Beginn des Spieles Situationen und wie ihr sie darstellen wollt. Achtet darauf, eine Situation nicht zu lange ausspielen. Spaß bringt es, wenn wirklich „Schlag auf Schlag" neue Situationen entstehen.

Spiel 2: Was für ein Haufen!

a) Alle Schüler gehen durch den Raum.

b) Ein Schüler aus der Spielführergruppe nennt die erste Zahl, die die Gruppengröße, in der die Schüler sich finden sollen, bestimmt.

c) Ein weiterer Schüler aus eurer Spielführergruppe nennt eine zweite Zahl. Diese legt fest, mit wie vielen Körperteilen die Gruppe Bodenkontakt haben darf.

--> **Tipp:** Es kann besonders lustig werden, wenn möglichst wenig oder möglichst viele Körperteile der Gruppe den Boden berühren müssen.

Spiel 3: Tiere finden sich

a) Die Spielführergruppe sucht fünf Tiere, zu denen man gut die Tierlaute nachahmen kann.

b) Jedes Tier wird 4- bis 6-mal, je nach Anzahl der Schüler in der Klasse, einzeln auf Karten geschrieben.

c) Jeder Schüler erhält eine Tierkarte.
Nach einem Signal der Spielführergruppe muss jeder Schüler den Tierlaut seines Tieres nachahmen, ohne zu sprechen.

d) Mit Hilfe der Tierlaute müssen sich die Schüler einer Tiergruppe finden.

--> **Tipp:** Das Paarefinden wird schwieriger, wenn ihr z.B. nur unterschiedliche Vögel wählt.

Spiel 4: Tierstatuen

a) Alle Schüler gehen durch den Raum.

b) Die Spielführergruppe spielt Musik oder klatscht den Takt.

c) Ein Spielführer ruft ein Tier aus.

d) Sobald die Musik oder das Klatschen stoppt, müssen die Mitschüler in der Haltung des Tieres erstarren.

e) Der letzte, der sich noch bewegt oder keine typische Haltung angenommen hat, scheidet aus.

--> **Tipp:** Sammelt vor dem Spiel in der Spielgruppe Tiere, die die Mitschüler gut darstellen können.
Gebt den Mitschülern während des Herumgehens ausreichend Zeit, sich eine typische Haltung ausdenken zu können.

Zusatzmaterialien

Tipps zum Überleben in der freien Natur

In dem Buch „Alabama Moon" von Watt Kay lebt der Junge Moon allein in der Wildnis Alabamas in den Vereinigten Staaten.

1. Stelle dir vor, du müsstest alleine im Wald leben. Welche Gefühle und Gedanken hast du bei dieser Vorstellung? Schreibe sie auf.

2. Lies den Buchauszug. Markiere beim Lesen die Fähigkeiten, die zum Überleben in der freien Wildnis wichtig sind.

„Kurz bevor er starb, sagte Paps, solange ich mich auf mich selbst und niemanden sonst verließe, könne mir nichts zustoßen. Wahrscheinlich würde ich mich eine Zeit lang einsam fühlen, doch das ginge irgendwann vorbei. Ich war zehn Jahre alt und er hatte mir alles beigebracht, was ich wissen musste, um im Wald zu überleben. Ich wusste über Fallen Bescheid und konnte mich selbst ernähren und ich konnte meine eigene Kleidung herstellen. Ich fand mich anhand der Sterne zurecht und konnte bei Regen Feuer machen. Papa sagte, er könne sich sogar vorstellen, dass ich imstande wäre, es mit jedem aufzunehmen, der dreimal so groß war wie ich. Er machte sich um mich keine Sorgen."

(Watt, Kay, Alabama Moon. ©Verlag Friedrich Oetinger, Hamburg)

3. Die Fähigkeiten zum Überleben in der freien Natur hast du herausgefunden. Überlege dir nun, welche zehn Gegenstände du zur Hilfe benötigst. Schreibe sie auf.

1. ____________	2. ____________
3. ____________	4. ____________
5. ____________	6. ____________
7. ____________	8. ____________
9. ____________	10. ____________

4. Stelle deine Liste einer Gruppe von ca. vier Mitschülern vor. Begründe deine Auswahl, um deine Teammitglieder zu überzeugen.

5. Einigt euch in der Gruppe auf die zehn wichtigsten Gegenstände. Schreibt diese Gegenstände in einer „Überlebensliste" auf (nutzt dafür die Rückseite des Arbeitsblattes).

6. Stellt eure Liste den anderen Gruppen vor, und sprecht darüber. Einigt euch gemeinsam auf die beste Klassenliste.

Mein Wörterbuch-Fächer

Klebt die Vorlage auf Karton, schneidet den Fächer aus, und heftet ihn mit einer Musterklammer zusammen. Ergänze gemeinsam mit einem Partner die fehlenden Beispiele.

Mein Wörterbuch-Fächer Name: _	O
Alle Wörter im Wörterbuch sind nach dem Alphabet geordnet. **Beispiel:** Aal steht ganz vorne und Zoo ganz hinten. **Mein Beispiel:** ____________________	O
Auch die Wörter z.B. mit S sind bei den folgenden Buchstaben nach dem Alphabet geordnet. **Beispiel:** Saal steht am Anfang und Szene am Ende. **Mein Beispiel:** ____________________	O
Im Wörterbuch stehen Nomen im Singular. **Beispiel:** Vögel – ich suche nach Vogel **Mein Beispiel:** ____________________	O
Verben stehen im Wörterbuch immer in der Grundform (Infinitiv). **Beispiel:** fuhr – ich suche nach fahren **Mein Beispiel:** ____________________	O
Im Wörterbuch steht bei Nomen immer der Artikel. **Beispiel:** der Brezel oder die Brezel – ich suche nach Brezel **Mein Beispiel:** ____________________	O
Im Wörterbuch steht, wie Wörter getrennt werden. **Beispiel:** Maschine – Ma-schi-ne **Mein Beispiel:** ____________________	O
Wenn ich wissen will, wie zusammengesetzte Nomen geschrieben werden, muss ich meistens an zwei Stellen nachsehen. **Beispiel:** Feuerleiter – ich suche Feuer und Leiter. **Mein Beispiel:** ____________________	O
Wenn ich den Anfangsbuchstaben nicht genau erkennen kann, muss ich an unterschiedlichen Stellen nachsehen. **Beispiel:** Pflaume (Flaume) **Mein Beispiel:** ____________________	O
Bei einem Wort mit Ä suche ich unter A und dem nächsten Buchstaben. **Beispiel:** ändern – suche ich unter AND … **Mein Beispiel:** ____________________	O

Wörterbucharbeit 1/2

Das Alphabet wiederholen

Manchmal weißt du nicht, wie ein Wort richtig geschrieben wird. Diese Unsicherheit macht schlau, denn du kannst die richtige Schreibung des Wortes im Wörterbuch nachsehen. Den Umgang mit dem Wörterbuch kannst du hier üben.

1. Welcher Buchstabe folgt?
   Schreibe ihn in die Klammern.

F( )   H( )   K( )   N( )   S( )   W( )

2. Welcher Buchstabe steht voran?
   Schreibe ihn dazu.

( )E   ( )M   ( )G   ( )P   ( )Q   ( )U

3. Suche dir einen Partner. Einer von euch nennt einen Buchstaben, der andere sucht den vorher stehenden und den folgenden Buchstaben. Wer schafft mehr Buchstaben in zwei Minuten?

Wörter alphabetisch sortieren

Manchmal weißt du nicht, wie ein Wort richtig geschrieben wird. Diese Unsicherheit macht schlau, denn du kannst die richtige Schreibung des Wortes im Wörterbuch nachsehen. Den Umgang mit dem Wörterbuch kannst du hier üben.

1. Bilde mit drei Mitschülern eine Gruppe.
2. Jeder von euch schreibt seine sechs Lieblingsnomen jeweils auf ein Kärtchen.

--> Tipp: Hast du eine Rechtschreibkartei? Dann kannst du auch schwierige Lernwörter auf die Kärtchen schreiben.

3. Versuche gemeinsam mit der Gruppe, die Wörter alphabetisch zu ordnen.

--> Tipp: Wenn zwei Wörter mit demselben Buchstaben beginnen, müsst ihr auf den Zweitbuchstaben achten und auch nach diesem die Wörter alphabetisch sortieren.

4. Schreibe die Wörter in der richtigen Reihenfolge auf.

Wörter aufsuchen

Manchmal weißt du nicht, wie ein Wort richtig geschrieben wird.
Diese Unsicherheit macht schlau, denn du kannst die richtige Schreibung des Wortes im Wörterbuch nachsehen.
Den Umgang mit dem Wörterbuch kannst du hier üben.

1. Diktiere einem Partner die folgenden Wörter:

   Schloss, Arzt, kochte, Revolver, Physik, Thermometer, Ärger, Sommersprossen, Foto, lustig

2. Dein Partner sucht die Wörter im Wörterbuch und schreibt sie mit der Seitenzahlenangabe auf. Dann ist er dran mit Diktieren:

   Schuss, Schürze, lernte, petzen, Pfingsten, Thermostat ärgern, Schlagzeug, Nahrung, ungefähr

--> Tipp: Vielleicht hast du eine Rechtschreibkartei.
Auch diese Wörter könnt ihr euch gegenseitig diktieren, um sie nachzuschlagen.

Wortbausteine

Manchmal weißt du nicht, wie ein Wort richtig geschrieben wird.
Diese Unsicherheit macht schlau, denn du kannst die richtige Schreibung des Wortes im Wörterbuch nachsehen.
Den Umgang mit dem Wörterbuch kannst du hier üben.

1. Suche im Wörterbuch nach zehn Lieblingsverben, die mit dem Wortbaustein „ver-“ beginnen.
2. Schreibe die Wörter mit Trennungsstrichen, die du auch im Wörterbuch findest, jeweils auf ein Kärtchen.
   Beispiel: ver-ges-sen
3. Suche dir einen Partner.
4. Tausche mit ihm die Lieblingswörtersammlung aus.
   Versuche, die „ver-“-Wörter deines Mitschülers alphabetisch zu sortieren.
5. Kontrolliere anschließend die gesetzten Trennungsstriche mit dem Wörterbuch.

Märchenbausteine

Die Brüder Jakob und Wilhelm Grimm haben vor über 200 Jahren Märchen gesammelt und aufgeschrieben, die die Menschen sich zur Unterhaltung erzählten, als es noch keine Computer und Fernsehapparate gab.
Ihr könnt mit Hilfe von Märchenbausteinen weitere Märchen erfinden und euch gegenseitig erzählen.

1. Sammelt in der Klasse typische Märchenbausteine.
   Die Beispiele in der Ideenkiste können euch helfen.

Ideen:

- eine böse Fee
- „Es war ein armer Mann…“
- „Sie lebten glücklich und zufrieden bis ans Ende ihres Lebens.“
- ein Königssohn
- „In einem tiefen, dunklen Wald …“
- goldene Kugel
- drei Aufgaben
- „König, was machst du? Schläfst du oder wachst du?“

2. Schreibt die Märchenbausteine auf jeweils ein Blatt.
3. Legt die Blätter in der Klasse aus.
4. Verteilt euch in gleichgroßen Gruppen um die Blätter.
5. Jede Gruppe schreibt zu ihrem Baustein passende Wörter und mögliche Ideen für neue Märchen.
6. Dann wechselt ihr mit der Gruppe den Tisch und wiederholt diese Aufgabe so lange, bis ihr eure Ideen zu jedem Märchenbaustein aufgeschrieben habt.
7. Hängt die Bausteinblätter an die Tafel. Sie dienen euch als Hilfe, um ein neues Märchen zu erfinden.
8. Setzt euch zu zweit zusammen. Schreibt auf kleine Karten zu jedem Baustein in Stichpunkten eure Ideen.
9. Bringt die Karten in eine sinnvolle Reihenfolge.
   Versucht ein erstes Mal, damit ein Märchen zu erfinden.

--> Tipp: Der Partner nennt beim Erzählen seine Ideen, die mit in das Märchen eingebunden werden können.

10. Seid ihr mit eurem Märchen zufrieden?
    Dann erzählt es der Klasse.

Das bist du! Wer bin ich?

Du kennst dich selbst am besten? In diesem Spiel ist es anders – deine Mitschüler sagen dir, wer du bist.

1. Jeder von euch schreibt eine bekannte oder berühmte Person auf einen Zettel.

2. Diese Zettel werden eingesammelt. Dann zieht jeder Schüler einen Zettel und heftet ihn auf den Rücken des Tischnachbarn, ohne dass dieser sieht, wer er ist.

3. Geht nun durch den Raum, und findet mit Fragen an eure Mitschüler heraus, wer ihr seid. Ihr dürft nur Fragen stellen, die mit ja oder nein beantwortet werden können. Ihr dürft einem Mitschüler höchstens zwei Fragen stellen, danach müsst ihr zum nächsten gehen.

4. Ihr könnt das Spiel noch einmal spielen:
Wie wäre es mit Tieren, Ländern oder Begriffen zu Themen aus dem Biologie-, Geschichts- oder Erdkundeunterricht? Habt ihr weitere Ideen?

Ich male, was du sagst

Genaues Erklären und gutes Zuhören, auf diese beiden Fähigkeiten kommt es an, wenn dein Mitschüler malen muss, was nur du auf einem Bild siehst und für ihn beschreibst.

1. Suche dir einen Partner.
2. Male selbst ein Bild oder verwende Bilder aus Zeitschriften und Schulbüchern. Wähle dir ein Motiv aus, ohne dass dein Partner es sieht.

--> Tipp: Wenn du selbst Bilder zeichnest oder aus Büchern o.Ä. auswählst, denke daran, dass sie einfach zu beschreiben sein sollten (z.B. sollten die Motive nicht zu kleinteilig sein, es sollten nicht zu viele verschiedene Gegenstände auftauchen, diese müssen gut erkennbare Linien besitzen usw.).

3. Beschreibe deinem Partner, was du siehst.
   Jede Angabe darfst du nur ein Mal sagen.
   Deinem Partner ist es nicht erlaubt, nachzufragen.

--> Tipp: Beachte beim Beschreiben die folgenden Hinweise:
- Gehe bei der Beschreibung in kleinen Schritten vor.
- Nenne das Format des Bildes (Hochformat oder Querformat).
- Beschreibe zunächst ganz grob, wie das Bild aufgeteilt ist.
- Erkläre deinem Partner, an welcher Stelle du auf dem Bild beginnst (in der Mitte, unten, oben, rechte oder linke Seite).
- Du darfst nicht sagen „Male eine Leiter" sondern „Male zwei senkrechte, 6 cm lange Linien im Abstand von 2 cm nebeneinander. Verbinde die senkrechten Linien im Abstand von 1 cm mit waagerechten Linien."

4. Dein Partner zeichnet nach deinen Anweisungen.
5. Vergleicht nach dem Malen und Erklären Bild und Zeichnung: An welchen Stellen gibt es Gemeinsamkeiten oder Abweichungen?

Es fiel mir schwer zu erklären, ...
Deine Erklärungen waren für mich hilfreich, wenn du ...
Aus der Tippliste war für mich folgender Tipp hilfreich: ...
Ich denke, diese Stelle hast du falsch gemalt, weil ich ...

Freundschaft ist ...

„Du bist meine beste Freundin" oder „Du bist mein bester Freund" – Wie muss ein Mensch sein, damit ihr diese Sätze ohne Bedenken sagen könnt? Haben Jungen eine andere Vorstellung von Freundschaft als Mädchen?
Stellt dazu in der Klasse eine Skala der Freundschaft her.

1. Jeder schreibt zunächst für sich allein Charaktereigenschaften, die ein Freund haben muss, einzeln auf Stichpunktkarten. Mädchen schreiben in rot, Jungen in blau.

ehrlich	kann gut zuhören	zuverlässig
cool	lacht viel	

2. Teilt eure Klasse in zwei Mädchen- und zwei Jungengruppen.
3. Stellt euch in den Gruppen gegenseitig eure notierten Charaktereigenschaften vor. Wie wichtig sind die Charaktereigenschaften an einem besten Freund oder einer besten Freundin? Diskutiert und bewertet in der Gruppe eure Stichpunktkarten mit Hilfe einer Skala von eins bis zehn: Je mehr Punkte ihr der Eigenschaft auf der Skala gebt, desto wichtiger ist sie euch.
4. Zeichnet in der Klasse eine große Skala an die Tafel.
5. Jede Gruppe befestigt ihre Karten an dieser Skala.
6. Vergleicht und besprecht die unterschiedlichen Gruppenentscheidungen.

Bei folgender Charaktereigenschaft haben die Mädchen- und Jungengruppen ähnlich entschieden ...
Mich überrascht, dass die Jungengruppen ...
Mich wundert folgende Einteilung der Gruppe ...

Wörterbuch-Geschichten

Ihr kennt das Wörterbuch zum Nachschlagen, heute benutzt ihr es, um Wörter für Geschichten zu finden.

1. Nehmt euch eure Wörterbücher.
2. Sucht nach den folgenden Angaben die entsprechenden Wörter aus eurem Wörterbuch. Schreibt diese auf.

Achtung:
Je nachdem, welches Wörterbuch ihr benutzt, müsst ihr die Seitenangaben in der Tabelle noch umrechnen; im Rechtschreibduden beginnt das Wörterverzeichnis z.B. erst auf der Seite 151 nach den wichtigen Regeln. Hier müsst ihr dann die 150 Seiten immer zu der Zahl in der Tabelle dazu rechnen. Die erste Angabe würde lauten: Das erste Nomen auf Seite 194.

Angabe im Wörterbuch	gefundenes Wort
das erste Nomen auf Seite 44	
das zweite Verb auf Seite 134	
das dritte Adjektiv auf Seite 87	
das erste Wort, das den Buchstaben „ä" enthält, auf Seite 56	
das erste Wort mit einem Doppelkonsonanten auf Seite 184	
das fünfte Nomen auf der Seite 99	
das zweite Nomen, das die Buchstaben „ie" enthält auf Seite 171	
das erste Verb auf Seite 135	

3. Erfindet in Partnerarbeit eine Geschichte, in der die aufgeschriebenen Wörter vorkommen müssen.

--> **Tipp:** Um euch eine Geschichte auszudenken, ist es hilfreich, die W-Fragen zu beantworten.

4. Erzählt der Klasse eure Wörterbuch-Geschichte.

Es ist euch sehr gut gelungen, das ungewöhnliche Wort …
in eure Geschichte einzubauen.
Euer Vortrag war toll, weil …

Eine Talkshow in der Schule

Viele Eltern geben dem Wunsch ihres Kindes nach und verschenken z.B. zu Weihnachten als Überraschung ein Tier.
Welche Meinung hat eure Klasse zu diesem Thema? Führt in der „Klassen-Talkshow" eine Diskussion mit verschiedenen Beteiligten.

1. Die Klasse teilt sich zunächst in zwei Gruppen auf: Eine Gruppe besteht aus Schülern, die gegen „lebendige" Weihnachtsgeschenke sind, die andere Gruppe ist für diese Art von Weihnachtsgeschenken. Diese Gruppen teilen sich wiederum in 4-er-Gruppen auf.

2. Sammelt mit Hilfe der Placemat-Methode Argumente, die eure Meinung unterstützen:

   a) Bereitet ein DIN-A3-Blatt, wie hier dargestellt, vor:

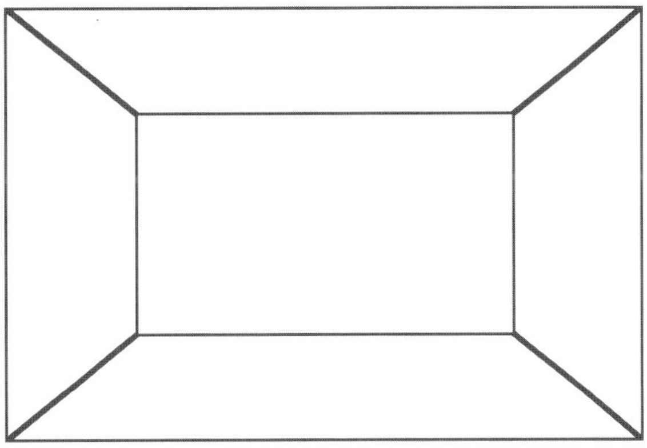

   b) Jeder von euch schreibt, ohne zu sprechen, in ein Feld Argumente passend zur Meinung der Gruppe.

   c) Dann wird das Blatt so lange gedreht, bis jeder von euch alle Argumente gelesen hat.

--> **Tipp:** Wenn ihr Ideen oder Gedanken zu den Argumenten eurer Gruppenmitglieder habt, notiert sie dazu.

   d) Anschließend einigt ihr euch auf die besten Argumente.
   Schreibt sie in einer sinnvollen Reihenfolge in das mittlere Feld:
   die schwächeren zuerst, die stärksten ans Ende.
   Findet ihr Beispiele zu den Argumenten, dann notiert sie ebenfalls.

3. Ihr seid nun gut für die Diskussion vorbereitet. Die ersten zwei Gruppen mit jeweils unterschiedlichen Meinungen sitzen sich jetzt im Talkshowstudio vor der Tafel gegenüber und tragen ihre Argumente und Beispiele in einer Diskussion vor. Eure Lehrkraft oder ein Mitschüler ist der Talkmaster.
Die anderen Mitschüler sind Zuschauer und können ihre Zustimmung oder Ablehnung mit Klatschen zeigen.

4. Anschließend wiederholt ihr die Talkshow mit den anderen Gruppen.

Geförderte Kompetenzen 1/4

Seite	Kompetenzen
Geheimschriften – Arbeitstheke	Codierung und Decodierung von Texten nach vorgegebenen Mustern; Freude am Spiel mit Sprache
Ein Gedicht über das Küssen	Parallelgedicht schreiben; Textbeschaffenheit analysieren und reflektieren; Stoffsammlung erstellen; Wortarten kennen und funktional gebrauchen
Das Wort der vielen Möglichkeiten	Wortschatzarbeit; Freude am Spiel mit Sprache
Ein Parallelgedicht schreiben – Wortarten-Sammeln hilft	Ein Gedicht nach einem vorgegebenen Muster erweitern; einen Text planen und entwerfen; Wortarten kennen und funktional gebrauchen
Die Satzbaumaschine	Wortarten kennen und funktional gebrauchen; Sätze nach einem vorgegebenen Muster erstellen; Zeitformen des Verbs
Ein Alphabet der Prachtstücke	Wortschatzarbeit; Wortarten kennen, funktional und adressatenbezogen gebrauchen; Freude am Spiel mit Sprache
Warme Dusche	Wortschatzarbeit; Wortbedeutungen klären; Wörter adressatengerecht zuordnen; vor anderen sprechen
Teekesselchen der zusammengesetzten Nomen	Grundregeln der Rechtschreibung beherrschen; verstehend sprechen und zuhören; Informationen aus Aussagen sichern; Freude am Spiel mit Sprache
Zu Besuch im A-Land	Wortarten kennen und funktional gebrauchen; häufig vorkommende Wörter richtig schreiben; Nachschlagwerke nutzen; Freude am Spiel mit Sprache
Im Zoo	Wortschatzarbeit; Wortarten kennen und funktional gebrauchen; Gesprächsbeiträge verfolgen und aufnehmen; Freude am Spiel mit Sprache
Wortarten gesucht	Wortarten kennen; Freude am Spiel mit Sprache
Rechtschreib-Bingo	Grundregeln der Rechtschreibung kennen; Rechtschreibstrategien anwenden; Wortschatzarbeit; Freude am Spiel mit Sprache
Eine Fabel ergänzen	Wortarten kennen und funktional gebrauchen; zentralen Inhalt einer Fabel erkennen und formulieren; mit anderen sprechen
Der Trick mit der goldenen Kugel	zentrale Textinhalte erschließen; Wesentliches hervorheben; Verfahren zur Textstrukturierung und -aufnahme nutzen
Fünf-Sätze-Karten	Informationen zielgerichtet entnehmen und ordnen; einen Text in Partnerarbeit vorgabenorientiert konzipieren; die eigene Meinung vertreten und die Meinung anderer reflektieren

Geförderte Kompetenzen 2/4

Seite	Kompetenzen
Peter Pan	einen Auszug aus einem Jugendbuch kennenlernen; Vorerfahrungen nutzen; zentrale Textinhalte erschließen; Wesentliches hervorheben; Verfahren zur Textstrukturierung und -aufnahme nutzen; eigene Texte rhythmisch umwandeln
Leseketten-Spiel	Leseerwartungen bewusst nutzen; zentrale Inhalte erschließen; Texte szenisch gestalten
Charlie und die Schokoladenfabrik	einen Auszug aus einem Jugendbuch kennenlernen; zentrale Textinhalte erschließen; einen Werbetext planen und entwerfen
„... und dann sagt das Kind ..."	Aufbau eines Textes erfassen und situationsbezogen ergänzen; einen Text nach einem vorgegebenen Muster schreiben
Eine Gedenktafel für den Piraten Klaus Störtebeker	einen Auszug aus einem Jugendbuch kennenlernen; Vorerfahrungen nutzen; Verfahren zur Textstrukturierung und -aufnahme nutzen; beim Lesen erfasste Informationen in einen eigenen Text umwandeln
Fleischfressende Pflanzen	Verfahren zur Textstrukturierung und -aufnahme nutzen und Informationen in einer Skizze darstellen
Ein Gedicht – ein Rätsel	Informationen zielgerichtet entnehmen und ordnen; eigene Deutungen eines Textes entwickeln und begründen
Sprichwörter- und Redewendungen-Domino	sprachliche Gestaltungsmittel und Bilder erkennen und deuten
Ein Expertentreffen zu Ötzi	Vorerfahrungen nutzen; Verfahren zur Textstrukturierung und -aufnahme nutzen; beim Lesen erfasste Informationen ordnen und vortragen
Jeden Tag stylen: Cool oder doof?	Vorerfahrungen nutzen; Verfahren zur Textstrukturierung und -aufnahme nutzen; einen nichtlinearen Text verfassen
Ein Interview entwickeln – W-Fragen helfen	Fragen formulieren; Texte sprachlich angemessen und zielorientiert gestalten; Medien verstehen und nutzen; Nachschlagen üben
Artenvielfalt?! Lebewesen auf unserem Schulhof	Texte kriterienorientiert konzipieren; Präsentationstechniken anwenden
Glück gehabt!	einen Text ziel- und situationsbezogen formulieren; einen Text auf seine Sprachrichtigkeit überprüfen; verstehend zuhören
Ein Bild – viele Geschichten	einen Text ziel- und situationsbezogen formulieren; Vorerfahrungen nutzen
Ein Akrostichon	einen Text ziel- und adressatenbezogen formulieren

Seite	Kompetenzen
Neue Gäste auf der Vogelhochzeit	einen lyrischen Text in Partnerarbeit weiterschreiben; eine Stoffsammlung erstellen
Sternzeichen – ein eigenes Horoskop schreiben	nichtlineare Texte auswerten; mit anderen sprechen; eine Stoffsammlung erstellen; einen Text in der Gruppe ziel- und adressatenbezogen formulieren
Wäscheleine der Spielideen	einen formalisierten Text verfassen und verstehen; mit anderen sprechen; Präsentationstechniken anwenden
Die geheime Reisemaschine	produktive Schreibformen nutzen
Ein Stufengedicht	Satzstrukturen kennen und funktional nutzen; kreativ schreiben; Texte überprüfen
Ein Leporello der guten Taten	einen beschreibenden Text zielorientiert konzipieren; Informationsquellen gezielt nutzen; Präsentationstechniken anwenden
Jugendliche fragen – du antwortest	zentrale Inhalte erschließen; Stoffsammlung erstellen; einen formalisierten Text erstellen; die eigene Meinung begründen; zuhören
„Kindsein ist süß?"	zentrale Inhalte erschließen; Stoffsammlung erstellen; Gegensatzgedicht erstellen; die eigene Meinung formulieren und begründen; zuhören
Sprichwörter-Pantomime	sprachliche Gestaltungsmittel und Bilder erkennen, deuten und pantomimisch darstellen; Verfahren zur Textstrukturierung und -aufnahme nutzen; Aufmerksamkeit für nonverbale Äußerungen entwickeln
Lügen haben kurze Beine!?	Wirkungen der Redeweise kennen und anwenden; eigene Situationen szenisch darstellen; Stoffsammlung erstellen; Aufmerksamkeit für nonverbale Äußerungen entwickeln
Verkäufer gesucht	Sprechsituationen gestalten; Wirkungen der Redeweise kennen und anwenden; Aufmerksamkeit für nonverbale Äußerungen entwickeln
Gegenstände darstellen – eine Pantomimekette	Wirkungen der Redeweise kennen und anwenden; Aufmerksamkeit für nonverbale Äußerungen entwickeln
Die Stunde des Gegenteils	Stoffsammlung erstellen; genannte Situationen gegenteilig szenisch darstellen
Ist das peinlich!?	zentrale Inhalte erschließen; Stoffsammlung erstellen; Situationen szenisch und problemorientiert darstellen; Feedback geben; Aufmerksamkeit für verbale und nonverbale Äußerungen entwickeln
Witzig, witzig!	zentrale Inhalte erschließen; Stoffsammlung erstellen; Situationen szenisch darstellen; Feedback geben; Aufmerksamkeit für verbale und nonverbale Äußerungen entwickeln

Seite	Kompetenzen
Das Fingerspiel	Stoffsammlung erstellen; eine Szene passend zu Charakteren entwickeln und darstellen
Stehgreifspiele – wie sag' ich es?	verschiedene Formen mündlicher Darstellung unterscheiden; Wirkungen der Redeweise kennen; Sprechsituationen gestalten
Im Zoo kannst du was erleben!	zentrale Inhalte erschließen; Stoffsammlung erstellen; eine Situation zielorientiert entwickeln und szenisch darstellen; Aufmerksamkeit für verbale und nonverbale Äußerungen entwickeln
Spielstunde	Kurzdarstellungen vortragen; gesprochene Informationen aufnehmen und sichern; Stoffsammlung erstellen; Aufmerksamkeit für verbale und nonverbale Äußerungen entwickeln
Tipps zum Überleben in der freien Natur	Vorerfahrungen nutzen; zentrale Inhalte erschließen; Stoffsammlung erstellen; die eigene Meinung begründen und vertreten; sich situationsangemessen äußern
Mein Wörterbuch-Fächer	individuelle Fehlerschwerpunkte erkennen; Nachschlagestrategien kennen
Wörterbucharbeit	Nachschlagewerke nutzen; Umgang mit Nachschlagewerken üben; Rechtschreibstrategien kennen; häufig vorkommende Wörter richtig schreiben
Märchenbausteine	Stoffsammlung erstellen; Märchenbausteine kennen und zum Erzählen nutzen; längere Redebeiträge mit Hilfe eines Partners und Stichwortzetteln leisten
Das bist du! Wer bin ich?	wesentliche Aussagen aus Äußerungen verstehen und sichern; durch gezielte Fragen notwendige Informationen beschaffen, sich verständlich und sachangemessen äußern; Gesprächsbeiträge anderer verfolgen und aufnehmen; sich konstruktiv an einem Gespräch beteiligen; die eigene Meinung begründen und sachlich vertreten; Wortschatzarbeit; Präsentationstechniken anwenden
Ich male, was du sagst	sich verständlich und sachangemessen äußern; Gesprächsbeiträge anderer verfolgen, aufnehmen und zeichnerisch wiedergeben
Wörterbuch-Geschichten	Nachschlagewerke nutzen; Umgang mit Nachschlagewerken üben; sich verständlich und zielorientiert äußern; Gesprächsbeiträge anderer verfolgen und aufnehmen
Eine Talkshow in der Schule	Stoffsammlung erstellen; die eigene Meinung entwickeln, begründen und sachlich vertreten; Gesprächsbeiträge anderer verfolgen und aufnehmen; auf Gegenpositionen argumentierend eingehen

Medientipps

Baurmann, J.:
Schreiben-Überarbeiten-Beurteilen.
Kallmeyer'sche Verlagsbuchhandlung, 2002

Brüning, L., Saum, T.:
Erfolgreich unterrichten durch Kooeratives Lernen.
Neue Deutsche Schule Verlagsgesellschaft, 2009

Frauen, C.:
Lesen macht stark. Materialien.
Cornelsen Verlag, 2007

Frauen, C., Rohr, U. u.a.:
Lesen macht stark. Projektmanagement.
Cornelsen Verlag, 2009

Green, N., Green, K.:
Kooperatives Lernen im Klassenraum und im Kollegium.
Kallmeyer'sche Verlagsbuchhandlung, 2010

Haas, G.:
Handlungs- und produktionsorientierter Literaturunterricht.
Kallmeyer'sche Verlagsbuchhandlung, 2004

Kammler, C. (Hg.):
Literarische Kompetenzen –
Standards im Literaturunterricht.
Kallmeyer'sche Verlagsbuchhandlung, 2006

Richter, S.:
Interessenbezogenes Rechtschreiblernen.
Westermann Schulbuchverlag, 1998

Rohr, U.:
Literatur-Kartei plus: „Der Junge im gestreiften Pyjama"
Verlag an der Ruhr, 2011

Rohr, U.:
„Dis wo ich herkomm" –
Ein Literaturprojekt zu Samy Deluxe.
Verlag an der Ruhr, 2010

Scheller, I.:
Szenisches Spiel. Handbuch für die pädagogische Praxis.
Cornelsen Verlag Scriptor, 1998

Spinner, K. H.:
Kreativer Deutschunterricht.
Kallmeyer'sche Verlagsbuchhandlung, 2001